100
BERÜHMTE HAMBURGER

Wachholtz

Vorwort

Hamburgs Geschichte anhand von Lebensläufen zu verfolgen, ist ein spannendes Projekt. Die Reihenfolge der hier vorgelegten Biografien orientiert sich am Geburtsjahr. Die Persönlichkeiten hatten und haben auf vielfältige in und für die Hansestadt und über sie hinaus gewirkt. Manchmal waren sie nur kurze Zeit in der Hansestadt, etwa in prägenden Jugendjahren oder in wichtigen Perioden ihres Schaffens. So werden Persönlichkeiten vorgestellt, die in Hamburg aufwuchsen, deren Bedeutung sich aber erst nach ihrem Weggang aus der Hansestadt entfaltete. Andere kamen nach Hamburg und wirkten hier für eine mehr oder weniger lange Zeitspanne. Dabei gibt es immer wieder überraschende Parallelitäten und Gegensätze, wenn fast zeitgleiche Biografien – nicht selten tragisch – in unterschiedliche Richtungen verliefen. Geblieben ist die Erinnerung an ihre Namen sowie an ihre dauerhaften Leistungen und Werke.

Das vorliegende Buch wäre nicht denkbar gewesen ohne eine wichtige Grundlage: die inzwischen auf sechs Bände angewachsene, überaus verdienstvolle »Hamburgische Biografie«. Dieses Personenlexikon wird seit 2001 von Prof. Dr. Franklin Kopitzsch und Dr. Dirk Brietzke an der Arbeitsstelle für Hamburgische Geschichte (Universität Hamburg) herausgegeben. Einige weitere allgemeine Werke und Reihen mit Hamburger Lebensläufen, auf denen die Recherchen basierten, sind am Ende des vorliegenden Buches verzeichnet.

Für Hinweise und Unterstützung bei den Arbeiten danke ich Dr. Vanessa Hirsch (Altonaer Museum für Kunst und Kulturgeschichte) sowie Dr. Frauke Paech und Barbara Günther (Kassel).

Norbert Fischer, im Sommer 2019

Inhalt

Ansgar

*** um 801 | † 3.2.865 in Bremen**
Benediktiner-Mönch, Erzbischof von Hamburg und Bremen

Ansgar gilt als »Apostel des Nordens« und Missionar von Skandinavien. Mit ihm sind bedeutende stadthistorische Gründungsdaten von Hamburg verbunden. Sein Nachfolger als Erzbischof, Rimbert, verfasste eine Lebensbeschreibung über ihn, die Informationen über seine Biografie bietet, jedoch keine historische Zuverlässigkeit beanspruchen kann. Gesichert ist, dass Ansgar nach dem frühen Tod der Mutter im Kloster Corbie in der Diözese Amiens (Frankreich) erzogen wurde. In der dortigen Klosterschule gab er später selbst Unterricht. Nach 820 kam Ansgar in das von Corbie aus neu begründete westfälische Kloster Corvey bei Höxter und leitete dort die Klosterschule. Im Jahr 826 zog er mit Missionaren nach Dänemark, drei Jahre später nach Schweden, wo in der Nähe von Stockholm die erste Kirche in Skandinavien errichtet wurde. Vermutlich 831 erhob Kaiser Ludwig der Fromme Ansgar zum Bischof eines Missionszentrums in Hamburg. Nachdem Ansgar kurz darauf von Papst Gregor IV. als Erzbischof bestätigt worden war, galt Hamburg als Sitz eines Erzbistums – ob es sich letztlich um ein Bistum oder Erzbistum handelte, ist jedoch in der Forschung umstritten geblieben. Die Stiftungsurkunde wurde 834 von Kaiser Ludwig dem Frommen verliehen. Für diese Jahre ist auch die schon früher errichtete Hammaburg erstmals namentlich dokumentiert. Ansgar sorgte für die Errichtung der Marienkirche – erste Anfänge auf dem Weg zum späteren Dom – sowie eine Schule und ein Kloster. Mehrfach führten ihn Missionsreisen nach Skandinavien. 845 ging Ansgar von Hamburg nach Bremen, nachdem die dortige Diözese vakant geworden war. Hamburg und Bremen wurden zu einem Erzbistum mit Hauptsitz in Bremen zusammengelegt. Auf der Trostbrücke (Altstadt) steht ein vom Bildhauer Engelbert Peiffer geschaffenes Ansgar-Denkmal, im Stadtteil Lokstedt wurde ein Weg nach ihm benannt und in der St.- Petri-Kirche gibt es ein spätmittelalterliches Bild von Ansgar.

BENEDICTVS·V·PP·ROMA

Benedikt V.

*** unbekannt | † 4.7.965 in Hamburg**
Papst

Der als gelehrt geltende Benedikt wurde in Rom als Kardinaldiakon im Jahr 964 im Kontext von Konflikten um die Besetzung der Papstwürde zum (Gegen-)Papst gewählt. Wegen seiner Gelehrtheit erhielt er den Beinamen »Grammatiker«. Benedikt amtierte nur kurzzeitig. Der 962 zum Kaiser gekrönte Otto I. hatte 963 Johannes XIII. im Umfeld seines zweiten Italienfeldzuges als bisherigen Papst abgesetzt und als seinen Nachfolger Leo VIII. bestimmt. Nach dem Abzug des römisch-deutschen Kaisers wurde jedoch Benedikt zum Papst gewählt. Otto I. verlangte die Wiedereinsetzung von Leo XIII., der zuvor aus Rom vertrieben worden war. Nach seiner Rückkehr nach Rom setzte der Kaiser seinen Anspruch durch. Benedikt verzichtete seinerseits auf die Papstwürde, wurde abgesetzt, zum Diakon degradiert und verbannt. Er kam unter die Aufsicht von Erzbischof Adaldag ins Erzbistum Hamburg-Bremen, dessen Anfänge aus dem vorangegangenen Jahrhundert in der Zeit Ansgars, dem »Missionar des Nordens«, unter Papst Gregor IV. datierten. Seine letzten Lebenstage verbrachte Benedikt, dessen Geburtsdatum unbekannt ist und der für seine Frömmigkeit bekannt war, in Hamburg. Benedikt wurde im Hamburger Dom beigesetzt, seine sterblichen Überreste aber Ende des 10. Jahrhunderts nach Rom gebracht. Hamburg war zwar kein Bischofssitz mehr – dieser war nach Bremen verlegt worden –, aber als Domkapitel die örtliche Vertretung des Bischofs geblieben. Bis 1782 erinnerte im Hamburger Dom, dem so genannten Alten Mariendom, ein dann wegen Umbauten entfernter Kenotaph (leeres Grab bzw. Scheingrab) an den kurzzeitigen, mit Hamburg verbundenen Papst. Der Dom wurde 1802 in Folge des Reichsdeputationshauptschlusses von 1803 und der mit ihm verbundenen Säkularisation abgerissen. An ihn erinnert heute unter anderem der Name Domstraße in der Altstadt.

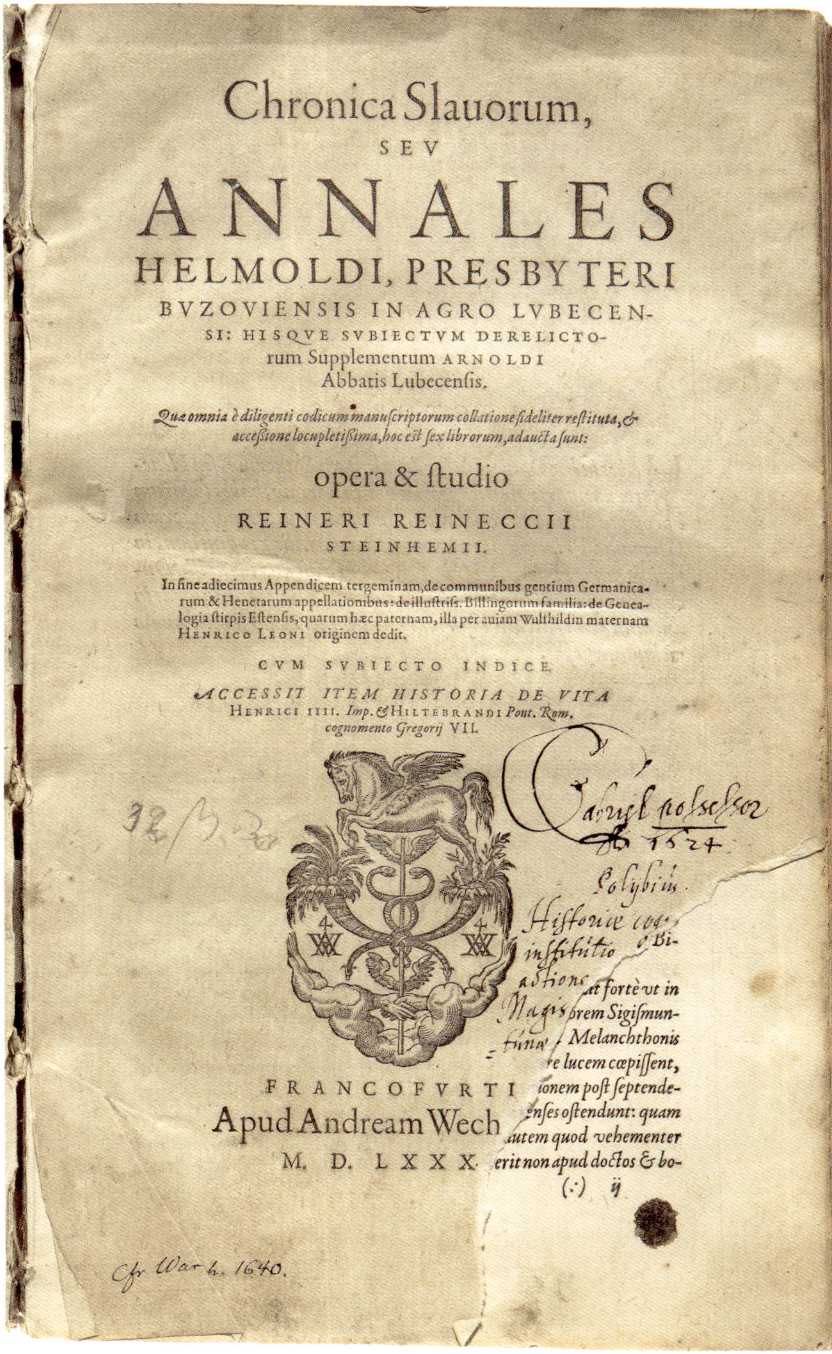

Chronica Slauorum,

SEV

ANNALES

HELMOLDI, PRESBYTERI

BVZOVIENSIS IN AGRO LVBECENSI: HISQVE SVBIECTVM DERELICTOrum Supplementum ARNOLDI Abbatis Lubecensis.

Quæ omnia è diligenti codicum manuscriptorum collatione fideliter restituta, & accessione locupletissima, hoc est sex librorum, adaucta sunt:

opera & studio

REINERI REINECCII STEINHEMII.

In fine adiecimus Appendicem tergeminam, de communibus gentium Germanicarum & Henetarum appellationibus: de illustriss. Billingorum familia: de Genealogia stirpis Estensis, quarum hæc paternam, illa per auiam Wulfhildin maternam HENRICO LEONI originem dedit.

CVM SVBIECTO INDICE.

ACCESSIT ITEM HISTORIA DE VITA HENRICI IIII. *Imp.* & HILTEBRANDI *Pont. Rom.* *cognomento Gregorij* VII.

FRANCOFVRTI

Apud Andream Wech

M. D. LXXX.

Adolf I. von Schauenburg und Holstein

*** vor 1106 | † 13.11.1130**

Edler Herr von Schauenburg und Graf von Holstein und Stormarn

Die von der Oberweser stammenden Schauenburger (dort Schaumburger genannt) herrschten im hohen Mittelalter im Raum Hamburg. Namensgebend für das Grafengeschlecht war die gleichnamige, oberhalb des Flusses auf dem Nesselberg bei Rinteln im Wesergebirge gelegene Burg. Sie hieß zunächst Schauenburg, seit dem späten 15. Jahrhundert und bis heute Schaumburg. Unter Adolf I. vollzogen sich die Anfänge der Schauenburger Herrschaft im Norden. Er wurde von dem sächsischen Herzog Lothar von Supplinburg Anfang des 12. Jahrhunderts neu in ein schon seit den Billungern bestehendes Grafenamt eingesetzt und erhielt die Lehen über die Grafschaften Holstein und Stormarn. Räumliches Zentrum war die so genannte Neue Burg in Hamburg, die als Wallburg bereits um 1025 errichtet worden war. Sie lag in einer damaligen Alsterschleife im Bereich der heutigen Neustadt (Nikolaifleet). Zwar begründete Adolf I. die Landesherrschaft der Schauenburger in Holstein und Stormarn, konnte sich aber unter anderem wegen mangelnder Lehnsmannschaften und lokaler Widerstände seitens des so genannten Volksadels in Holstein und Stormarn kaum etablieren. Mit seiner Frau Hildewa hatte Adolf I. vermutlich vier Kinder: Hartung, Adolf II., Mechthild und Adelheid. Unter seinem Sohn und Nachfolger Adolf II. konnte die Landesherrschaft der Schauenburger dann – gefördert durch Heinrich den Löwen – weiter ausgebaut werden. Dessen Sohn Adolf III. schließlich begründete auf dem Platz der erwähnten Neuen Burg eine städtische Siedlung, die 1187 erstmals schriftlich erwähnte Neustadt, also die Anfänge des heutigen gleichnamigen Stadtteils im Zentrum von Hamburg. Anstelle der funktionslos gewordenen Neuen Burg, deren Stelle heute noch durch einen Straßennamen dokumentiert ist, wurde 1195 die erste Nikolaikirche in Hamburg errichtet.

← In der Chronica Slavorum von Helmold von Bosau aus den 12. Jahrhundert wird Adolf I. das erste Mal erwähnt.

Klaus Störtebeker

*** um 1360 | † hingerichtet wohl 1400 in Hamburg**
Freibeuter, Vitalienbruder

Neben Godeke Michels gehörte Störtebeker zu den so genannten Hauptleuten der »Vitalienbrüder«, wenngleich exakte Nachweise seiner Existenz fehlen. Möglicherweise entstand die legendäre Piraten-Persönlichkeit des späten 14. Jahrhunderts aus Erzählungen über zeitgenössische Personen gleichen oder ähnlichen Namens. Nach einer anderen Version leitet sich sein Name aus einer angeblichen Trinkfestigkeit ab (»Stürz den Becher«). Weder Geburtsort noch Lebenslauf sind überliefert, vielleicht stammt Störtebeker aus Wismar. Zunächst in politisch-militärische Auseinandersetzungen im Ostseeraum verwickelt und von dort dann vertrieben, zogen die piratenmäßig operierenden Vitalienbrüder Ende des 14. Jahrhunderts auf Kaperfahrt in die Nordsee und beraubten neben anderen auch Hamburger Handelsschiffe. Dabei erhielten sie – konkurrierende Herrscher ausnutzend – verschiedentlich Unterschlupf, so in Ostfriesland. Auch konnten sie ihre Beute immer wieder verkaufen. Im Frühjahr 1400 stellten die Hansestädte Hamburg und Lübeck eine Flotte zusammen, um die Kaperfahrten zu unterbinden. Störtebeker konnte noch einmal fliehen, wurde jedoch im Herbst desselben Jahres mit anderen Vitalienbrüdern bei Helgoland gefangen genommen und anschließend auf dem Grasbrook in Hamburg hingerichtet. Nach dem Tod wurde sein Schicksal vielfach rezipiert und hat – wegen fehlender Fakten gern ausgedeutet – als Freibeuter-Mythos bis heute überlebt. Sowohl in der Wissenschaft als auch erst recht in der Populärkultur bildet er eine viel interpretierte Person, deren Name – eher noch als der zu seiner Zeit wohl bedeutendere Godeke Michels – zum Inbegriff für Freibeuterei geworden ist. In der Hamburger Hafencity steht an der Osakaallee im Bereich des Brooktorhafens ein figürliches Störtebeker-Denkmal, im Stadtteil Neugraben wurde ein Weg nach ihm benannt. Ein 1878 auf dem Grasbrook gefundener Schädel konnte zwar nicht eindeutig als der Störtebekers identifiziert werden, gehört gleichwohl heute zur Sammlung des Museums für Hamburgische Geschichte.

← Störtebeker wird in der Nähe von Helgoland gefangen genommen.

Hein Hoyer

*** um 1380 in Hamburg | † 12.5.1447 ebenda**
Ratsherr, Bürgermeister

Hoyer wurde in eine angesehene, aus Lüneburg stammende Ratsherrenfamilie hineingeboren. Sein Vater, der 1386 in Hamburg verstorbene Kaufmann Albert Hoyer, war in den 1370er Jahren Ratsherr und zuletzt Kämmerer geworden. Sein Sohn Hein stieg 1413 als Vertreter der Opposition gegen die alten Ratsfamilien in den Rat der Stadt Hamburg auf und wurde 1417 zum Bürgermeister gewählt. Noch im selben Jahr erreichte er auf dem Konstanzer Konzil, dass die städtischen Privilegien Hamburgs bestätigt wurden. Auch künftig blieb er ein führender Vertreter des Rates, war Mitglied vieler Gesandtschaften und vertrat Hamburg auf den Hansetagen. In diesem Zusammenhang führten ihn seine Reisen unter anderem nach Flandern, Holland, England und Dänemark. Zusammen mit der Hansestadt Lübeck holte er 1420 Bergedorf und die Vierlande vom Herzogtum Sachsen-Lauenburg. Diese blieben bis 1868 unter beiderstädtischer Verwaltung, danach wurden sie zu alleinigem Hamburger Besitz. Im Jahr 1420 schloss Hein Hoyer zusammen mit Lübeck den Friedensvertrag von Perleberg, der langjährige Konflikte mit Sachsen-Lauenburg beendete. Während des Dänisch-Holsteinisch-Hanseatischen Krieges wurde er 1427 gemeinsam mit weiteren Hamburger Ratsherren als Vertreter der Hanse vorgeschickt und bei einem Seegefecht im Öresund von Dänemark gefangen genommen. Nach Abschluss eines Friedensvertrages und Zahlung eines Lösegeldes kam er erst fünf Jahre später aus dieser Kriegsgefangenschaft wieder frei. 1435 erreichte Hoyer einen Interessensausgleich mit Dänemark (Frieden von Vordingborg). In den 1440er Jahren reiste er mehrfach unter anderem zu Hanse-Versammlungen. Bis zu seinem Tod war er im Hamburger Rat aktiv und zählte zu dessen führenden Repräsentanten. Hein Hoyer wurde eine Straße im Stadtteil St. Pauli gewidmet.

← Angriff der Hamburger und Lübecker Kriegsleute auf die Burg Bergedorf im Juli 1420.

Johannes Bugenhagen

*** 24.6.1485 in Wollin (heute Wolin, Polen) | † 20.4.1558 in Wittenberg**
Theologe, Reformator

So kurz sein Aufenthalt in Hamburg war, so langfristig war seine Wirkung: Johannes Bugenhagen hat die Reformation in die Stadt gebracht. Als Ratsherrensohn in Pommern geboren, wurde er nach dem Studium zunächst Rektor der Treptower Stadtschule und dann Vikar an der dortigen Marienkirche. Über sein Interesse an Schriften des Humanismus fand er zu Luthers Werken und schrieb sich an der Universität Wittenberg ein. Er wohnte dort im Hause des Reformators Philipp Melanchthon und wirkte ab 1523 als Stadtpfarrer, Universitätslehrer und Generalsuperintendent des sächsischen Kurkreises. Bugenhagen arbeitete an Luthers Bibelübersetzung mit und wurde sein Seelsorger. Im Jahr 1524 lehnte er seine Berufung an die Hamburger St.-Nikolai-Kirche ab, weil der Rat die Wahl nicht billigte. Durch den einflussreichen Sendbrief »Von dem Christenglauben und rechten guten Werken« aus dem Jahr 1526 wirkte Bugenhagen dennoch gegen den alten Glauben in Hamburg. Am 9. Oktober 1528 kam er selbst nach Hamburg und arbeitete eine neue Kirchenordnung aus. Er musste sich dabei mit dem Konfliktfeld zwischen Rat, Bürgerschaft, altgläubigem Domkapitel und proreformatorischen Ideen auseinandersetzen. Am 15. Mai 1529 wurde die neue Kirchenordnung angenommen, acht Tage später von den Kanzeln verkündet. Damit war in Hamburg die Reformation eingeführt. Bis Mitte desselben Jahres blieb er in Hamburg und beteiligte sich an Reformen im Schul- und Armenwesen. Im so genannten Langen Rezess wurde die Mitsprache der Bürgerschaft geregelt, und unter anderem wurde mit dem Johanneum eine Lateinschule errichtet. Allgemein gilt Bugenhagen als Wegbereiter der Reformation in Norddeutschland. In Hamburg erinnert eine Straße in der Altstadt, ein Denkmal vor dem Johanneum in Winterhude sowie eine – inzwischen entwidmete – Barmbeker Kirche mit einer Klinkerstatue von Richard Knöhl an den Reformator.

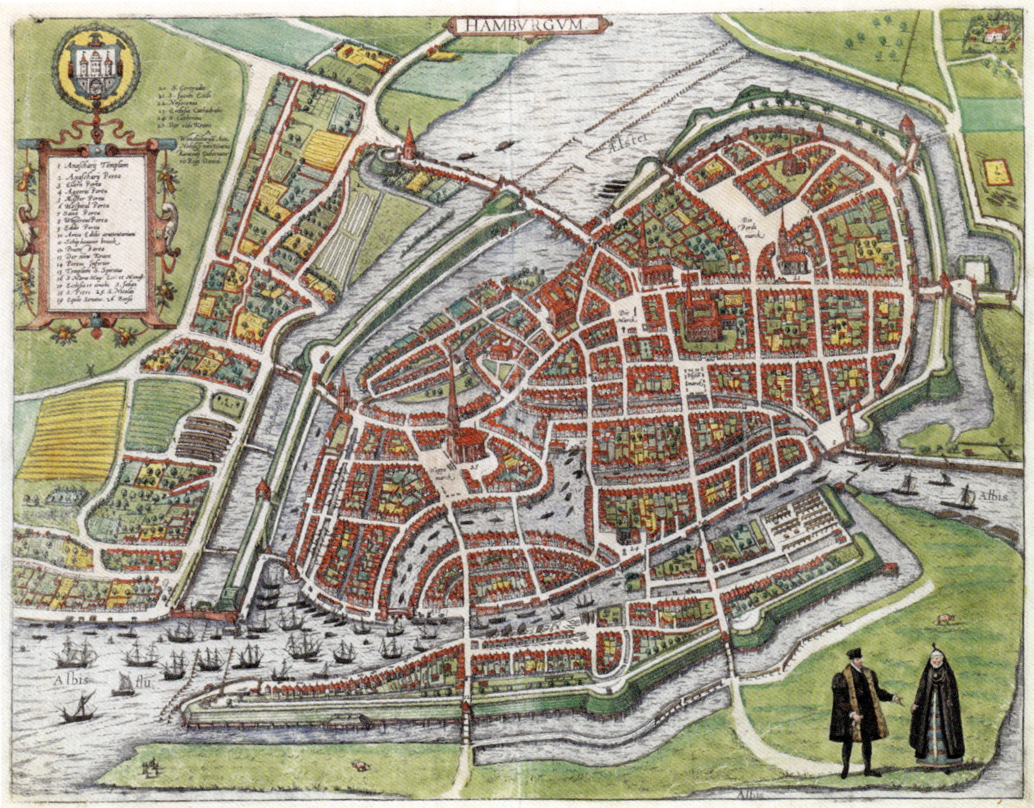
HAMBVRGVM.
1 Anschary Templum
2 Anschary Porta
3 Ellern Porta
13 Der new Kraen
15 Templum S. Spiritus
Alster
Albis
Albis flu.

Johan van Valckenburgh

*** um 1575 | † Juni 1625 in Vorburg (heute Leidschendam-Vorburg, Niederlande)**
Ingenieuroffizier, Festungsbauer

Valckenburgh, der die Hamburger Wallanlagen entwarf, wurde 1606 als Ingenieur in Diensten des niederländischen Prinzen Moritz von Oranien vereidigt. Letzterer war nicht nur erfolgreicher Feldherr der Republik der Vereinigten Niederlande, sondern auch Lehrmeister Valckenburghs (dessen genauere Geburts- und Sterbedaten unbekannt geblieben sind). Typisch für seine Zeit ist die Verbindung von Militär- und Ingenieurswesen. Valckenburgh trat zunächst in Erscheinung, als er die Befestigungen niederländischer Städte ausbaute. Im Jahr 1609 wurde er zum Festungsbauer deutscher Hansestädte, darunter Hamburg und Bremen. Zu seinen Aufgaben gehörte die Beratung in Sachen Verteidigungsanlagen sowie deren Bau und Erweiterung. Seine erste eigene Leistung im deutschen Raum waren die Anlagen der Hansestadt Lüneburg. Sein größtes Werk aber bildete der Bau der Wallanlagen in Hamburg, der bereits ab dem Jahr 1609 geplant worden war. Die Arbeiten begannen 1616 und dauerten insgesamt fast elf Jahre. Valckenburgh ließ 21 Bastionen und elf vorgelagerte Ravelins (Wallschilder oder auch Außenwerke) halbkreisförmig um die Stadt anlegen. Die Hamburger Stadtfläche wurde dadurch um das Eineinhalbfache vergrößert. Darüber hinaus war Johan van Valckenburgh – neben dem bereits erwähnten Lüneburg – am Bau von Befestigungsanlagen in Bremen, Lübeck, Rostock, Stralsund und Emden beteiligt. Vorübergehend wurden diese Arbeiten unter dem Befehl von Friedrich Graf zu Solms-Rödelbach aufeinander abgestimmt. Auch im süddeutschen Raum war Valckenburgh tätig, unter anderem von 1617 bis 1619 in Ulm, ebenso im westlichen Teil des Reiches (Jülich). Nach dem niederländischen Ingenieur sind – in etwas abgewandelter Schreibweise – eine Straße im Stadtteil Neustadt sowie eine Brücke an den Wallanlagen benannt. Dort be- findet sich auch eine Gedenktafel, die an sein Wirken erinnert.

← Zeitgenössische Karte der Stadt Hamburg, 1588,
von Georg Braun und Franz Hagenberg.

Glückel von Hameln

(eigentlich Glikl bas Juda Leib)

*** vermutlich 1646 in Hamburg | † 19.9.1724 in Metz**
Kauffrau, autobiografische Schriftstellerin

Die Bedeutung der später so genannten Glückel von Hameln ergibt sich daraus, dass sie die erste bedeutende überlieferte Biografie einer Frau aus Deutschland verfasste. Aus einer jüdischen Familie stammend, die sich ursprünglich wegen der Religionsfreiheit im damals dänischen Altona niedergelassen hatte, siedelte ihr als Diamantenhändler tätiger Vater aus geschäftlichen Gründen ins benachbarte Hamburg über. Der spätere Name von Glikl bas Juda Leib geht auf die seinerzeit übliche Vermählung im sehr jungen Alter von 13 Jahren mit Chaijm von Hameln zurück, mit dem sie für zwei Jahre bei den Schwiegereltern in der Oberweser-Stadt lebte. Danach zogen sie nach Hamburg und wohnten im Haus von Glückels Eltern. Nur während eines Pestausbruchs in Hamburg 1664 gingen sie nochmals vorübergehend zu den Schwiegereltern in Hameln. Ihr Mann wurde Geschäftsreisender in Sachen Schmuck, daher musste sie sich in seiner Abwesenheit in Hamburg auch um geschäftliche Dinge kümmern. Von ihren insgesamt 14 Kindern erreichten 12 das Erwachsenenalter. 1689 starb ihr Mann. Glückel führte das Geschäft selbstständig weiter, konnte bestehende Schulden tilgen und gründete auch eine Strumpfproduktion. Mit ihrer geschäftlichen Tätigkeit waren nicht nur hohes gesellschaftliches Prestige, sondern immer wieder aufwendige Reisen verbunden, zum Beispiel zu Messen. Durch geschickte Verheiratung ihrer Kinder vergrößerte sie ihr Netzwerk. Im Jahr 1700 zog sie für eine zweite Heirat nach Metz. Jedoch verstarb ihr zweiter Mann bereits 1712 und hinterließ ihr finanzielle Probleme, sodass sie noch einmal geschäftlich aktiv wurde. Über ihre letzten Lebensjahre ist nur wenig bekannt. Ab 1691 verfasste sie ihre Erinnerungen in Westjiddisch. Sie sind lediglich als Abschrift erhalten und wurden erst sehr viel später, im Jahr 1896, veröffentlicht. Ihre Memoiren geben wichtige Einblicke in jüdisch-bürgerliche Alltags- und Lebenswelten, Mentalität und Religiosität der Frühen Neuzeit, die nicht zuletzt immer wieder mit antisemitisch motivierten Anfeindungen verbunden waren. Ins Hochdeutsche wurden sie erstmals von Bertha Pappenheim 1910 übertragen und in der gekürzten Übersetzung von Alfred Feilchenfeld ab 1913 breiteren Kreisen bekannt und in mehrere Sprachen übersetzt. Im Stadtteil Altona-Nord ist eine Straße nach ihr benannt.

Schnitger-Orgel in der St.-Jacobi-Kirche in Hamburg, gebaut 1689–1693.

Arp Schnitger

*** 2.7.1648 in Schmalenfleth (heute Brake, Kreis Wesermarsch) |**
† bestattet 28.7.1719 in Neuenfelde (heute Hamburg)
Orgelbauer

Er zählt zu den berühmtesten Orgelbauern der Barockzeit, aber seine genauen Lebensdaten sind teils unbekannt. Arp Schnitger schuf in ganz Nordeuropa über 100 Orgeln und begründete die Tradition der norddeutschen Barockorgel. Sein Hauptstandort war Hamburg. Geboren wurde Arp Schnitger als Sohn einer Tischlerfamilie in der Nähe von Brake und am 9.7.1648 in Golzwarden (heute Brake) getauft. Sein Vater war an lokalen Orgelbauten beteiligt. Um 1670 ließ Arp Schnitger sich als Geselle in Glückstadt bei seinem Verwandten Berendt Hus ausbilden. Zu gemeinsamen Arbeiten zählen die Orgeln in den Stader Kirchen St. Wilhadi und St. Cosmae. Nach dem Tod von Berendt Hus 1676 führte Schnitger die Stader Werkstatt noch einige Jahre weiter, wirkte aber bereits weit darüber hinaus. Eine lange Freundschaft verband ihn mit Vincent Lübeck, dem späteren Organisten der Hamburger St.-Nikolai-Kirche. Als seine Fertigkeiten bekannter wurden, erhielt Schnitger Aufträge aus der näheren und ferneren Umgebung. Zu seinem ersten Meisterwerk wurde die Orgel für die St.-Nikolai-Kirche, für die er 1682 den Auftrag erhielt und die ihn bewog, nach Hamburg zu ziehen. Diese zunächst größte Orgel Deutschlands wurde beim Stadtbrand 1842 zerstört. Inzwischen erhielt Arp Schnitger Aufträge aus verschiedenen europäischen Ländern, wenngleich Norddeutschland, nicht zuletzt Ostfriesland und die Niederlande, sein Hauptwirkungsfeld blieben. Die wohlhabenden Marschenbauern an der Nordseeküste konnten sich aufwendige Orgelbauten leisten. In mehreren Territorien erhielt Schnitger so genannte Orgelbau-Privilegien. Von 1708 bis 1714 amtierte er als königlich-preußischer Hoforgelbauer. Nachdem Schnitger 1684 die Hamburger Kaufmannstochter Gertrud Otte geheiratet hatte – mit ihr hatte er sechs Kinder –, erwarben sie den schwiegerväterlichen Hof in Neuenfelde (Altes Land). Dort lebte er von vermutlich 1705 bis zu seinem Tod und baute eine eigene Orgelwerkstatt auf. Arp Schnitger wurde in der Familiengruft in der St.-Pankratius-Kirche von Neuenfelde beigesetzt. In Neuenfelde erinnert der Arp-Schnitger-Stieg an den berühmten Orgelbauer, in Schmalenfleth ein Orgeldenkmal.

Barthold Heinrich Brockes

*** 22.9.1680 in Hamburg | † 16.1.1747 ebenda**
Dichter, Aufklärer, Ratsherr

Brockes zählt zu den bedeutendsten Dichtern im Zeitalter der frühen Aufklärung und wurde für seine Naturlyrik bekannt. Zunächst privat unterrichtet, kam er 1696 auf das Johanneum und im Folgejahr auf das Akademische Gymnasium. Im Jahr 1700 fing er in Halle/Saale ein Jurastudium an und wurde 1704 – nach zwischenzeitlichen Reisen – promoviert. Jedoch arbeitete er nicht in seinem Beruf, sondern bildete sich in französischer und italienischer Literatur eigenständig weiter und begann zu schreiben. Im Jahr 1714 gehörte er zu den Initiatoren der Gesellschaft zur Förderung der deutschen Sprache und Poesie. 1720 wurde Brockes, der als Vertreter der Hamburger Honoratiorenschicht nach dem frühen Tod seines Vaters (1694) vom ererbten Vermögen leben konnte, zum Ratsherrn gewählt und übernahm turnusmäßig mehrere politische Ämter. Politisch setzte er sich für ein austariertes Verhältnis zwischen Rat und Bürgerschaft ein. Barthold Heinrich Brockes wirkte von 1735 bis 1741 auch als Amtmann im damals hamburgischen Amt Ritzebüttel (heute Cuxhaven). Dort verstarb 1736 seine Frau Anna Ilsabe Lehmann, die er 1714 geheiratet hatte. Der während seiner Ritzebütteler Amtmannszeit ab 1737 angelegte und nach ihm benannte Brockeswald gilt in Teilen als einer der frühen Landschaftsgärten Deutschlands. Zugleich zeugt er von frühem ökologischem Bewusstein, da Brockes damit dessen Abholzung verhinderte. Sein umfangreiches literarisches Werk besteht unter anderem aus Lyrik und Übersetzungen, aber auch theoretischen Texten. Publizistisch setzte er sich für eine stärkere Beteiligung von Mädchen und Frauen an Bildung und Gesellschaft ein. Als Hauptwerk gilt das 1721 begonnene neunbändige »Irdisches Vergnügen in Gott«, einer Huldigung von Natur und Schöpfung. Nach dem Dichter wurde eine Straße am Museum für Kunst und Gewerbe benannt.

Georg Philipp Telemann

*** 14.3.1681 in Magedeburg | † 25.6.1767 in Hamburg**
Komponist, Musikdirektor

Der Vater war Prediger und starb bereits vier Jahre nach Telemanns Geburt. Wichtige Impulse für sein späteres musikalisches Wirken erhielt er ab 1697 in Hildesheim, wo er auf dem Gymnasium mehrere Instrumente erlernte. Während seines 1701 begonnenen Jurastudiums in Leipzig komponierte Telemann erstmals größere Stücke. Das von ihm gegründete Collegium Musicum spielte ab 1704 an der damaligen Leipziger Neukirche (heute Matthäikirche). Zu seinen weiteren frühen Stationen zählte unter anderem der Hof des Herzogs in Eisenach, wo er kurzzeitig als Konzert- beziehungsweise Kapellmeister tätig war. Im Jahr 1712 ging Telemann nach Frankfurt/Main und wirkte dort als städtischer Musikdirektor sowie kirchlicher Kapellmeister. Nachdem seine erste Ehefrau, die Kapellmeisterstochter Amalia Juliane Louise Eberlin, bereits zwei Jahre nach der Eheschließung 1711 gestorben war, heiratete der Barockkomponist in Frankfurt die Kaufmannstochter Maria Catharine Textor. 1721 wurde der nun bereits berühmte Telemann als Musikdirektor nach Hamburg berufen. Dort übernahm er die Kirchenmusik an den Hauptkirchen, aber auch weitere Funktionen, wie die Leitung der Oper, und veranstaltete öffentliche Konzerte. Nun entstanden zahlreiche geistliche und weltliche Stücke, neben Kirchenkantaten auch die »Admiralitätsmusik«, mehrere Opern und Kammermusiken. Zugleich gab er Notenwerke im Selbstverlag heraus und war Mitgründer einer Musikzeitschrift. 1737/38 konnte Telemann mehrere Monate in Paris tätig werden, was sein internationales Ansehen noch steigerte. Bis kurz vor seinem Tod – er starb an Lungenentzündung – war Telemann produktiv. Er gehört zu den prägenden Persönlichkeiten des musikalischen Lebens in der ersten Hälfte des 18. Jahrhunderts. Sein umfangreicher Nachlass weist ein breites und einflussreiches musikalisches Spektrum auf. Telemann wurde auf dem damaligen Begräbnisplatz des St.-Johannis-Klosters beigesetzt. Heute steht dort das Rathaus, neben dessen Haupteingang ihm eine Gedenkplatte gewidmet ist. Im Stadtteil Eimsbüttel ist eine Straße nach dem Barockkomponisten benannt. 1957 wurde in Hamburg die Telemann-Gesellschaft gegründet.

Georg Friedrich Händel

*** 23.2.1685 in Halle/Saale | † 14.4.1759 in London**
Komponist

Die erste von insgesamt 42 Opern des berühmten Barockkomponisten wurde in Hamburg aufgeführt, noch zwei weitere entstanden für die Hansestadt. Händels Vater war Leibchirurg und Kammerdiener, die Mutter kam aus einem Pastorenhaushalt. Da sich früh sein musikalisches Talent abzeichnete, erhielt Händel schon im Alter von neun Jahren in Halle Musikunterricht beim Musikdirektor der Halleschen Marktkirche Unser Lieben Frauen. Berühmte Zeitgenossen wie Georg Philipp Telemann erkannten das Talent Händels. 1702 begann er ein später aufgegebenes Jurastudium in Halle und wurde vorübergehend Organist am dortigen Dom. Im Sommer des Folgejahres kam Händel nach Hamburg, das damals mit dem Opernhaus am Gänsemarkt unter seinem Direktor Reinhard Keiser ein Zentrum deutschen Musiklebens war. Anfang Januar 1705 wurde Händels erste Oper, »Der in Kronen erlangte Glückswechsel, oder: Almira, Königin von Castilien«, am Gänsemarkt aufgeführt, kurz darauf zeigte man dort auch seine zweite Oper, »Die durch Blut und Mord erlangte Liebe, oder: Nero«. 1708 folgte Händels Doppeloper »Der beglückte Florindo« und »Die verwandelte Daphne«. Zu diesem Zeitpunkt hatte der Komponist die Hansestadt, zu der er gleichwohl weiterhin Kontakte pflegte, Richtung Italien verlassen, um sich den damals populären italienischen Musikstil anzueignen. 1710 kehrte er nach Deutschland zurück und wurde Kapellmeister des hannoverschen Kurfürsten. Bald danach wurde London beziehungsweise England seine neue Heimat, wo er die meisten seiner Opern und Oratorien komponierte und auch die englische Staatsbürgerschaft erhielt. Aus Hamburger Sicht bemerkenswert sind dabei Vertonungen der Gedichte von Barthold Heinrich Brockes. Auch wurden Händels Werke unter der nunmehrigen Leitung von Georg Philipp Telemann häufig im Opernhaus am Gänsemarkt aufgeführt. Schon zu Lebzeiten galt Händel als Klassiker, neben seinen Opern wurden auch in Hamburg regelmäßig Oratorien aufgeführt (»Messias« unter anderem). In seinen letzten Lebensjahren litt er unter fortschreitendem Verlust des Augenlichts. Der auch als Musikunternehmer erfolgreiche Händel starb kurz vor einer in Bath geplanten Kur. Im Stadtteil Bahrenfeld wurde eine Straße nach ihm benannt.

Friederike Caroline Neuber

*** 8.3.1697 in Reichenbach (Voigtland) | † 30.11.1760 in Laubegast (heute Dresden)**
Schauspielerin

Die »Neuberin« zählt zu den Begründerinnen des deutschen Schauspiels – ein Ziel, das sie nicht zuletzt in Hamburg verfolgte. Sie verlor früh ihre Mutter und sah sich ihrem tyrannischen Vater, einem Juristen, ausgesetzt. Von zu Hause floh sie nach einem zuvor gescheiterten Versuch endgültig im Jahr 1717 mit ihrem Freund Johann Neuber, den sie 1718 in Braunschweig heiratete. Beide schlossen sich Theatergruppen an. 1727 gründete sie in Leipzig eine eigene Truppe, die »Neuber'sche Komödiantengruppe«, und ein mit landesherrlichem Privileg ausgestattetes festes Theater. Mit regelmäßigen Gehältern und Ausbildungsmaßnahmen versuchte sie, dem bis dato schlechten Ruf des Schauspielerberufes ein seriöses Fundament entgegenzustellen. Mit dem Aufklärer Johann Christoph Gottsched initiierte sie eine Reform des deutschen Theaters, das gegenüber dem höfisch orientierten französischen Theater »bürgerliche« Themen und feste Sprechakte zum Ziel hatte. Seit 1728 trat Friederike Caroline Neuber auch in Hamburg auf. 1733 verlor sie ihr Leipziger Privileg und ging wieder auf Tournee, unter anderem kam sie zu monatelangen Aufenthalten nach Hamburg. Auch hier versuchte sie, ihre Vorstellungen vom Schauspiel durchzusetzen, fand aber angesichts der nach wie vor beliebten derb-komödiantischen Stücke der Konkurrenz wenig Resonanz. Das ersehnte Privileg des Hamburger Rates blieb ihr verwehrt. Die letzte Vorstellung der streitlustigen und scharfzüngigen Neuber fand 1740 im Opernhaus am Gänsemarkt statt. Anschließend spielte sie auf Einladung der Zarin Anna Iwanowna in St. Petersburg, verließ Russland aber nach deren Tod und fand vorübergehend wieder in Leipzig ihren festen Spielort. Von Gottsched im Konflikt geschieden, musste sie 1743 ihre Truppe wegen fehlendem Erfolg vorübergehend, 1750 endgültig auflösen. Kurz zuvor, 1748, hatte sie als Erste mit »Der junge Gelehrte« ein Stück von Lessing aufgeführt. 1759 starb ihr Mann Johann Neuber, sie selbst verbrachte ihr letztes Lebensjahr in Armut. Literarisch verewigt wurde sie von Johann Wolfgang von Goethe als »Madame de Retti« in »Wilhelm Meisters Lehrjahre«. In Dresden-Laubegast erinnert ein Denkmal an die Pionierin des deutschen Schauspiels.

Ernst Georg Sonnin

*** 10.6.1713 in Quitzow (heute Perleberg, Landkreis Prignitz) |**
† 8.7.1794 in Hamburg
Architekt, Ingenieur

Der Baumeister des als Hamburger Wahrzeichen bekannt gewordenen »Michel« zählt zu den bedeutendsten Vertretern der Aufklärung in Hamburg. Seine schulische Ausbildung erhielt er unter anderem in der Friedrichschule, dem Vorläufer des Altonaer Christianeums. Nach einem 1736 abgebrochenen Theologiestudium in Halle/Saale widmete er sich für seinen künftigen beruflichen Weg den Naturwissenschaften und der Technik. Sonnin wurde in Hamburg zum Mitgründer einer Werkstatt für Mechanik, die Uhren und Instrumente herstellte. Zugleich befasste er sich mit baulichen Aufgaben, nicht zuletzt der Instandsetzung von Kirchengebäuden. Seine Reputation auf diesem Gebiet war auch der Grund, warum er zum Neubau der 1750 durch ein Feuer zerstörten Großen Michaeliskirche (»Michel«) herangezogen wurde. Zunächst war hier der Steinmetz- und Baumeister Johann Leonhard Prey maßgeblich beteiligt. Nach dessen Tod vollendete Sonnin den Turm der Michaeliskirche eigenständig. Neben der Instandsetzung und Restaurierung von Gotteshäusern in Hamburg, Bergedorf, Harburg und Wilhelmsburg widmete er sich in Gutachten auch der Wasserbautechnik. Zugleich war er außerhalb Hamburgs aktiv, beispielsweise beim Herrenhaus auf Gut Kaden (1754), beim Kieler Schloss (1763) sowie als Erbauer der Kirche von Wilster (1774–1780) und bei der Lüneburger Saline. Auf letzteren Verdienst hin wurde er 1785 zum dortigen Stadtbaumeister berufen. Sonnin, der ein für seine Epoche nicht untypisches technisches Multitalent zeigte, war auch Mitbegründer der aufgeklärten Patriotischen Gesellschaft. Er wurde in einer Gruft in der St.-Michaelis-Kirche begraben. In Hamburg erinnern unter anderem eine Straße und ein Kanal in Hammerbrook an Sonnin.

Carl Philipp Emanuel Bach

*** 8.3.1714 in Weimar | † 14.12.1788 in Hamburg**
Komponist, städtischer Musikdirektor

Als »Hamburger Bach« bekannt, war er der zweite Sohn des Komponisten Johann Sebastian Bach und seiner Frau Maria Barbara. Von seinem Geburtsort Weimar zog die Familie alsbald nach Köthen (wo seine Mutter verstarb) und 1723 nach Leipzig, wo der Vater eine Stelle als Thomaskantor und Lehrer an der Thomasschule erhielt. In Leipzig fing Carl Philipp Emanuel Bach 1731 ein Jurastudium an, das er 1734 an der Universität Frankfurt/Oder fortsetzte, jedoch letzten Endes nicht abschloss. Schon in diesen Studienjahren widmete sich Bach der Musik. In Frankfurt/Oder wurde er Mitglied des Collegium Musicum und führte erste eigene und auch Werke seines Vaters auf. 1768 kam er als Nachfolger des verstorbenen Georg Philipp Telemann, der sein Patenonkel war, als städtischer Musikdirektor und Kantor ans Johanneum nach Hamburg. Angesichts der zu erfüllenden Aufgaben, unter anderem Aufführungen in den fünf Hauptkirchen, wurde die Kirchenmusik zu einem Schwerpunkt. In Hamburg schuf Bach wichtige geistliche Werke, die große Beliebtheit genossen. Neben zahlreichen musikalischen Aufführungen wurden von ihm auch Kompositionen zu besonderen Anlässen erwartet. 1773 bzw. 1776 entstanden seine instrumentalmusikalischen »Hamburger Sinfonien«. Insgesamt komponierte er über 800 Werke in verschiedenen Musikgattungen. Weiteren Erfolg brachten musikverlegerische Ausgaben seiner eigenen Werke. Zu seinen festen Programmpunkten bei Aufführungen gehörten Werke seines Vaters und von Georg Friedrich Händel. Bach, der als einer der bekanntesten Komponisten seiner Zeit galt, war im gesellschaftlichen Leben fest verankert und verkehrte und kommunizierte mit prominenten Zeitgenossen. Nach seinem Tod erhielt er ein privilegiertes Gruftgrab in der Krypta der Hauptkirche St. Michaelis (dem »Michel«), das heute öffentlich zugänglich ist.

Friedrich Gottlieb Klopstock

*** 2.7.1724 in Quedlinburg | † 14.3.1803 in Hamburg**
Schriftsteller

Bereits während seiner Theologiestudien an den Universitäten Jena und Leipzig arbeitete Friedrich Gottlieb Klopstock an seinem berühmtesten Werk, den Gesängen des »Messias«. Die Kaufmannstochter Meta Moller lernte er im Frühjahr 1751 in Hamburg kennen. Mit ihr verlobte er sich im Folgejahr und heiratete sie 1754. Meta hatte früh ihren Vater verloren und zog später in das Haus ihrer Schwester. Von Haus aus gebildet, kannte sie Klopstocks »Messias« und ließ ein Treffen mit dem Dichter arrangieren. Meta wurde die »Cidli« in dessen Werken. Nach der Hochzeit verbrachte das Paar einige Zeit in Dänemark. Meta Klopstock starb im Kindbett bei der Totgeburt des gemeinsamen Sohnes. Sie verfasste eigene Werke und wurde vor allem als empfindsame Briefeschreiberin bekannt, die in ihren Texten die Mentalität ihrer Epoche beispielhaft spiegelt. Im Jahr 1759 erwarb Friedrich Gottlieb Klopstock – statt der ihm als gesellschaftliches Privileg zustehenden Hamburger Kirchengruft – auf dem inmitten ländlicher Natur gelegenen Christians-Kirchhof des damals dänischen Ottensen eine Grabstätte. Durch die Lage und Gestaltung von Metas Grabmal, welche das Zeitalter der Empfindlichkeit repräsentierte, wurde diese in den folgenden Jahrzehnten zu einem Pilgerort für das gebildete Bürgertum. 1771 erschien die erste Ausgabe von Klopstocks »Oden«, die weiter zu seinem Ruhm beitrugen. Der Dichter, der ab 1770 ständig in Hamburg lebte, zählte zu den gefeierten Persönlichkeiten in der städtischen Gesellschaft. 1791 heiratete er mit Johanna Elisabeth von Winthem die Nichte von Meta. Friedrich Gottlieb Klopstock wurde neben Meta auf der Grabstätte in Ottensen beigesetzt. An seinem Begräbnis beteiligten sich Zehntausende von Menschen. Bis heute zählt der Ort zu den berühmtesten Grabstätten in Deutschland. In Ottensen erinnern die Klopstockstraße, -platz und -terrasse an den Dichter.

Gotthold Ephraim Lessing

*** 22.1.1729 in Kamenz (Sachsen) | † 15.2.1781 in Braunschweig**
Schriftsteller, Publizist, Aufklärer

Geboren in der zur städtischen Elite gehörende Familie eines lutherisch-orthodoxen Erzdiakons, kam er 1741 auf die Lateinschule und – unterstützt durch ein Stipendium – auf die Fürstenschule St. Afra (heute Sächsisches Landesgymnasium Meißen). Ab 1746 studierte er Theologie und Medizin in Leipzig beziehungsweise Wittenberg, bevor er Ende 1748 nach Berlin zog und dort auch publizistisch tätig wurde. Sein Studium schloss er 1752 mit einer Promotion ab. In den 1750er Jahren lebte Lessing in Berlin und Leipzig, wo er in gelehrten Kreisen verkehrte. 1760 wurde er in die Berliner Akademie der Wissenschaften gewählt. 1767 kam Lessing nach Hamburg ans Nationaltheater. Diese so genannte »Hamburger Entreprise« war der erste Versuch, ein Nationaltheater in Deutschland nach dem Vorbild des 1748 gegründeten dänischen Nationaltheaters in Kopenhagen aufzubauen. Das private, von Bürgern unterstützte Projekt bildete einen Gegenentwurf zum höfischen Theater. Lessing wurde als Dramaturg an das Haus am Gänsemarkt berufen, hier wurde sein zeitkritisches Stück »Minna von Barnhelm« aufgeführt. Lessings als Buch gedruckte »Hamburgische Dramaturgie« wurde zu einem programmatischen Werk der Theatergeschichte. Das Projekt des Hamburger Nationaltheaters scheiterte jedoch bereits nach zwei Spielzeiten wegen finanzieller Probleme und persönlicher Konflikte unter den Beteiligten. Lessing verfasste in seiner bis 1770 währenden Hamburger Zeit auch weitere wichtige Texte, beispielsweise »Wie die Alten den Tod gebildet«. 1776 heiratete Lessing in Jork (Altes Land) die verwitwete Kaufmannstochter Eva König, die er in Hamburg kennengelernt hatte. Die Geburt ihres Sohnes Ende 1777 wurde zur privaten Tragödie, als dieser am Folgetag und Eva Lessing wenig später im Kindbett verstarben. Großes öffentliches Interesse erregte Ende der 1770er Jahre Lessings sogenannter »Fragmenten-Streit« mit dem lutherisch-orthodoxen Hamburger Hauptpastor Johann Melchior Goeze, bei dem Lessing sich einmal mehr als Vertreter eines aufgeklärten, toleranten und humanitären Denkens erwies. 1881 wurde zu seinem 100. Todestag das Lessing-Denkmal auf dem Gänsemarkt errichtet. Im Stadtteil Hohenfelde wurde eine Straße nach ihm benannt, von der früheren Lessingstraße in Altona ist der Lessingtunnel geblieben.

Johann Friedrich Struensee

*** 5.8.1737 in Halle/Saale | † hingerichtet 28.4.1772 in Kopenhagen**
Arzt, Aufklärer und Sozialreformer

Der in Altona reformerisch wirkende Mediziner wurde im späten 18. Jahrhundert kurzzeitig zu einer der mächtigsten Persönlichkeiten im dänischen Gesamtstaat. Geboren als Sohn von Adam Struensee, dem langjährigen Generalsuperintendenten der damals dänischen Herzogtümer Schleswig und Holstein, schloss er sein Medizinstudium in Halle/Saale im Alter von 19 Jahren mit der Promotion ab. Nach kurzen Zwischenstationen in Berlin (Charité-Krankenhaus) und in Göttingen kam er 1757 mit seinem Vater, der zunächst eine Stelle als Hauptpastor an der Trinitatiskirche angenommen hatte, nach Altona. Dort wirkte er ab Anfang 1758 als Stadtphysikus und Armenarzt. Er reformierte die städtische Gesundheitspolitik durch neue Hygienevorschriften und initiierte Pockenimpfungen. Struensee, der einen Zusammenhang zwischen Armut, fehlender Bildung und Hygiene einerseits und Krankheiten andererseits sah, wirkte nicht zuletzt über Beiträge in verschiedenen Periodika in die aufgeklärte Öffentlichkeit hinein. Dabei setzte er sich auch für Personenkreise ein, die sonst von der Gesellschaft ausgeschlossen wurden, wie ledige Mütter. 1769 wurde er Leibarzt des als geistesgestört geltenden dänischen Königs Christian VII., den er zuvor auf einer Reise begleitet hatte. Nachdem Struensee von diesem mit einer Generalvollmacht ausgestattet worden war, setzte er ab 1770 in dieser Machtfunktion in kurzer Zeit eine Reihe von aufklärerisch-fortschrittlichen Reformen im dänischen Staat durch, unter anderem Pressefreiheit. Durch seine Politik und sein skandalträchtiges Liebesverhältnis zur dänischen Königin Caroline Mathilde machte er sich rasch Feinde am Hof. Er wurde gestürzt und am 25. April 1772 nach einer Anklage, die ihm seine Beziehung zur Königin, Regierungsmissbrauch und Misshandlung des Kronprinzen vorwarf, zum Tode verurteilt. Struensees Schicksal ist mehrfach in Film und Literatur behandelt worden. In Altona wurden eine Straße und ein dort gelegenes Gymnasium sowie ein nahes Facharzt-Zentrum nach ihm benannt.

Matthias Claudius

*** 15.8.1740 in Reinfeld (Holstein) | † 21.1.1815 in Hamburg**
Dichter, Journalist, Redakteur

Matthias Claudius hat mit dem »Wandsbecker Bothen« eine der ersten volkstümlichen Zeitschriften redaktionell betreut und ist mit seinem Abendlied »Der Mond ist aufgegangen« bis heute weithin bekannt. Als Pastorensohn geboren, ging er auf die Gelehrtenschule im holsteinischen Plön und studierte – allerdings ohne Abschluss – von 1759 bis 1762 Theologie in Jena. Anschließend lebte er im elterlichen Haus in Reinfeld, brachte sein erstes Buch heraus und arbeitete 1764/65 in Kopenhagen. Dort kam er, neben anderen, in Kontakt mit dem Dichter Friedrich Gottlieb Klopstock, später in Hamburg auch mit Johannes Gottfried Herder und Gotthold Ephraim Lessing. Von 1768 bis 1770 arbeitete er als Redakteur der »Hamburgischen-Addreß-Comtoir-Nachrichten«, bevor er 1771 im damals dänischen Wandsbek mit der Redaktion des »Wandsbecker Bothen« betraut wurde. Hier veröffentlichte er zahlreiche Texte, darunter Gedichte, Prosastücke und Rezensionen. Matthias Claudius galt nun als personifizierter »Wandsbecker Bothe«. Wegen fehlender Wirtschaftlichkeit wurde das Organ 1775 eingestellt. Nach einer kurzfristigen Redakteursstelle in Darmstadt kam der Dichter – der 1772 mit Anna Rebekka Behn die Tochter eines Zimmermanns geheiratet hatte – im Jahr 1777 wieder nach Wandsbek zurück. Er lebte nun vom Unterrichten, Übersetzen und stellte seine Arbeiten für eine achtbändige Veröffentlichung zusammen. Ab 1785 wurde er finanziell vom dänischen Kronprinzen Friedrich unterstützt. Seine letzte Zeit verbrachte er angesichts der Wirren der Franzosenzeit in Kiel und Lübeck. Er starb im Haus des Verlegers und Buchhändlers Friedrich Perthes (zugleich sein Schwiegersohn). Das Grab des Dichters und seiner 17 Jahre nach ihm verstorbenen Frau befindet sich auf dem Historischen Friedhof der Christuskirche in Wandsbek.

Caspar Voght

(ab 1802 Caspar Reichsfreiherr von Voght)

*** 17.11.1752 in Hamburg | † 20.3.1839 ebenda**
Kaufmann, Aufklärer, Sozialreformer

Voght wurde bekannt durch die Anlage eines landwirtschaftlichen Mustergutes in Flottbek, von dem ein kleiner Teil bis heute unter dem Namen Jenischpark erhalten geblieben ist. Aufgewachsen in einer wohlhabenden Kaufmannsfamilie, ging er nach einer Lehre in der Firma seines Vaters auf eine mehrjährige Bildungsreise durch Europa. Gemeinsam mit Georg Heinrich Sieveking, dem er später einen großen Teil des Geschäfts überließ, übernahm er nach dem Tod des Vaters 1781 das Handelshaus. Es war eines der größten Unternehmen seiner Zeit in Hamburg. Jedoch widmete sich Caspar Voght vor allem den Reisen, auf denen er sich über Landwirtschaft, Armenwesen, Gefängnisse und anderes informierte. Bei diesen Reisen kam er, wie schon auf seiner »Grand Tour« nach der Lehre, mit prominenten Zeitgenossen zusammen. Als sozialpolitisches Resultat seiner Erkenntnisse engagierte er sich in Hamburg 1788 für eine Reform der Armenfürsorge. Voght sah gesellschaftliche Gründe für Armut und betrachtete sie nicht als individuell verschuldet. Den Armen sollte kein Almosen gegeben, sondern durch Arbeit geholfen werden. Nach passendem Grundstückserwerb ab 1785 ließ er in Flottbek unter Mitwirkung der Kunstgärtner James Booth und Joseph Ramée eine so genannte »ornamented farm« gestalten. Dabei handelte es sich um ein Mustergut nebst Baumschule inmitten einer Parklandschaft im englischen Stil, in der moderne Landwirtschaft betrieben wurde und der Kartoffelanbau eingeführt wurde. Später unterstützte Voght auch die Einrichtung der ersten landwirtschaftlichen Fachschule im deutschsprachigen Raum. Für seine Arbeiter wirkte er sozialfürsorgerisch, beispielsweise durch Schaffung geeigneter Wohnungen (so genannte Instenhäuser). 1802 wurde er zum Reichsfreiherr von Voght, aber zu seiner Zeit zumeist als Baron Caspar von Voght bezeichnet. Zu Beginn des 19. Jahrhunderts musste er sein Handelshaus auflösen, konnte aber später von den Erträgen seiner Landwirtschaft leben. Das Mustergut wurde 1828 an den Bankier Johann Martin Jenisch verkauft. Voght wurde auf dem Nienstedtener Friedhof bestattet, nach ihm wurden zwei Straßen in den Stadtteilen Hamm und Klein-Flottbek benannt.

Christian Frederik Hansen

*** 29.2.1756 in Kopenhagen | † 10.7.1845 ebenda**
Architekt

Der dänische Klassizist hat als so genannter Landesbaumeister das Stadtbild Altonas und weiterer, einstmals dänischer Städte um Hamburg maßgeblich geprägt. Er gilt als einer der bedeutendsten Vertreter seiner Epoche in Nordeuropa. Bereits im jungen Alter von zehn Jahren wurde er an der Königlich-Dänischen Kunstakademie in Kopenhagen unterrichtet. 1781 erhielt er eine erste Stelle als Baukoordinator. Von 1782 bis 1784 war Hansen auf Kosten des dänischen Königs Christian VII. – dessen Hebamme und Kinderfrau Hansens Mutter war – in Italien, wo er sich mit unterschiedlichen Kunstrichtungen beschäftigte. Im Jahr seiner Rückkehr wurde er Landesbaumeister für Holstein und Altona, sein Amtssitz befand sich bis 1804 in letzterer Stadt. 1792 entstand das von ihm entworfene Waisenhaus an der Altonaer Königstraße (inzwischen abgerissen). Im selben Jahr heiratete er Anne Margrethe Rahbek. Weitere Stadt- und Landhäuser folgten, vor allem an der Palmaille sowie in Elbnähe. Von den zwischen 1789 und 1806 errichteten neun Landhäusern sind fünf erhalten geblieben, bis heute ist die Architektur dieser Gegend vom Hansenschen Klassizismus geprägt. Nach dem Stadtbrand von Kopenhagen 1795 war er dort maßgeblich am Wiederaufbau beteiligt. Auch für das zu Teilen 1798 niedergebrannte Bad Oldesloe lieferte er Entwürfe (unter anderem für das Rathaus, 1803–1806). Nach der Bombardierung Kopenhagens, das 1804 zu seinem Amtssitz geworden war, durch die englische Marine 1807 prägte er den Wiederaufbau wesentlich, beispielsweise mit der Frue Kirke (1811–1826). Neben Letzterer zählt das 1803–1826 gebaute Kopenhagener Rats- und Gerichtshaus zu seinen Hauptwerken. Daneben entwarf er in weiteren Städten wichtige öffentliche und sakrale Bauten, etwa in Schleswig, Quickborn und Husum, sowie Herrenhäuser, unter anderem in Alt-Fresenburg und Kastorf. Im Stadtteil Nienstedten wurde eine Straße nach Hansen benannt.

REINHARD WOLTMANN
lith. v. C. Kiesel

Reinhard Woltman

*** 28.12.1757 in Axstedt (heute Landkreis Osterholz) |**
† 20.4.2837 in Hamburg
Wasserbauingenieur, Hafendirektor

Reinhard Woltman (auch Woltmann geschrieben) war in seiner Zeit ein international angesehener, durch bedeutende Fachpublikationen ausgewiesener Wasserbauexperte in Hamburger Diensten. Geboren in eine Bauernfamilie, kam er 1779 ins hamburgische Amt Ritzebüttel (heute Cuxhaven). Dort wurde er bei der so genannten Stackdeputation angestellt, die für die Uferschutzwerke zuständig war. Dank prominenter Fürsprache konnte Woltman, dessen technische Fertigkeiten erkannt wurden, trotz fortgeschrittenen Alters ab 1780 noch das Akademische Gymnasium in Hamburg besuchen. Zu seinen dortigen Lehrern zählte der bekannte Hamburger Aufklärer und Mitbegründer der Patriotischen Gesellschaft, Johann Georg Büsch (1728–1800). Nach dem Schulbesuch studierte Reinhard Woltman ab 1782 an der Universität Kiel und wurde 1783 als Wasserbaukondukteur im Amt Ritzebüttel angestellt. Aufgrund seiner herausragenden Fähigkeiten wurde Woltman 1793 zum Direktor der Ritzebütteler Stack- und Uferwerke berufen. Mit seiner systematischen Anlage von Uferschutzwerken gelang ihm ein langfristiger Schutz der dortigen Deiche. Später ging er nach Hamburg, wo er 1814 Direktor der »Strom- und Uferwerke und Canäle« (und damit des Wasserbauwesens bzw. Hafens) wurde. Unter Woltman fand zwischen 1818 und 1826 die erste systematische, der besseren Schiffbarkeit dienenden Vertiefung in der Niederelbe statt. Woltman war zugleich publizistisch tätig, unter anderem erschien 1819 sein »Handbuch der Schifffahrtskunde«. Im Übrigen zählte Woltman dank seiner genauen Kenntnisse der Elbmündung auch zu jenen Persönlichkeiten, die sich – wie sein früherer Lehrer Georg Christoph Lichtenberg – für die Einrichtung eines Seebades in Cuxhaven einsetzten. Dieses wurde dann 1816 realisiert. Am 27. Oktober 1836 wurde Woltman auf eigenen Wunsch in den Ruhestand versetzt. Heute erinnern in Cuxhaven und im Hamburger Stadtteil St. Georg Straßennamen an sein Wirken. Auch ein heute museal erhaltener Dampfschlepper aus dem Hamburger Hafen ist nach ihm benannt.

Amandus Augustus Abendroth

*** 16.10.1767 in Hamburg | † 17.12.1842 ebenda**
Senator und Bürgermeister, Begründer des Seebades Cuxhaven

Abendroths Vater Abraham Augustus Abendroth war Notar, seine Mutter Johanna Maria Groot stammte aus Bargteheide und starb kurz nach seiner Geburt. Der promovierte Jurist Abendroth studierte in Erlangen und Göttingen und war anschließend als Advokat in Hamburg tätig. Er zählte zu den sozialreformerisch-aufgeklärten Vertretern des Bürgertums und engagierte sich in gesellschaftlichen Einrichtungen, unter anderem in der Patriotischen Gesellschaft. Auch gehörte Abendroth zur Leitung der Allgemeinen Armenanstalt. 1800 wurde er in den Senat gewählt, 1811 unter französischer Besatzung zum »Maire« von Hamburg ernannt. In seiner zweiten Amtszeit als Amtmann im damals hamburgischen Amt Ritzebüttel (heute Cuxhaven) – die erste war von 1809 bis 1811 – begründete er 1816 das dortige Seebad, eines der frühen deutschen Nordseebäder. Dabei griff er Anregungen auf, die bereits im späten 18. Jahrhundert vom Gelehrten Georg Christoph Lichtenberg und vom damals in Cuxhaven tätigen Wasserbauexperten Reinhard Woltman veröffentlicht worden waren. In dem von Abendroth herausgegebenen zweibändigen Werk »Ritzebüttel und das Seebad zu Cuxhaven« (1818/37) dokumentierte er die Entwicklung des Ortes im frühen 19. Jahrhundert. Nach Hamburg zurückgekehrt, leitete Abendroth ab 1821 die Polizeibehörde, gründete ebenfalls 1821 das Magdalenenstift (heute Abendroth-Haus) und 1827 die »Hamburger Sparcasse«. 1831 wurde er zum Bürgermeister gewählt. Nach seinem Tod wurde er auf dem heutigen Alten Friedhof an der Dreifaltigkeitskirche im Stadtteil Hamm beigesetzt. In Cuxhaven wurden eine Straße sowie zwei Schulen nach ihm benannt. Das ehemals in der Deutschen Bucht, heute im Hafen des Deutschen Schifffahrtsmuseums Bremerhaven liegende Feuerschiff Elbe 3 trägt seit 1927 den Namen »Bürgermeister Abendroth«.

Salomon Heine

*** 19.10.1767 in Hannover | † 23.12.1844 in Hamburg**
Kaufmann, Bankier, Philanthrop

Der Onkel des Dichters Heinrich Heine wurde in bescheidenen Verhältnissen groß und ging 1784 nach Hamburg. Zunächst absolvierte er eine Lehre im Bankhaus des Großvaters, bevor er als Wechselmakler arbeitete und 1794 Betty Goldschmidt heiratete. 1797 gründete er mit einem Partner das Bankhaus Heckscher & Co., das 1818 nach alleiniger Übernahme seinen Namen trug. Salomon Heine führte das Bankhaus zu internationalem Rang und Ansehen. Dort hatte auch Heinrich Heine – noch unter dem ersten Namen des Hauses – eine Lehre absolviert, anschließend ermöglichte sein Onkel ihm eine Geschäftsgründung. Dies blieb jedoch erfolglos, weil sich Heinrich Heine schon früh der Dichtkunst verpflichtet fühlte. Der Neffe wurde gleichwohl weiterhin von seinem Onkel unterstützt und finanziert. Ebenso freigeberisch zeigte sich der Bankier für die Stadt Hamburg, deren Wiederaufbau nach dem Stadtbrand von 1842 er finanziell unterstützte. Geschädigten bot er günstige Kredite an. Salomon Heine stiftete auch das 1843 an der Simon-Utrecht-Straße gelegene und unter Denkmalschutz stehende Israelitische Krankenhaus (heute Kundenzentrum des Ortsamtes St. Pauli), dessen Neubau sich in Alsterdorf befindet. Sein Landhaus lag an der Elbchaussee im damals dänischen Ottensen. Das dort 1832 errichtete Gartenhaus trägt heute den Namen Heine-Haus, gehört zum Altonaer Museum und wird als Veranstaltungs- und Ausstellungsort genutzt. Salomon Heine wurde auf dem ehemaligen Jüdischen Friedhof Ottensen bestattet, die Grabstätte aber während des Zweiten Weltkriegs zerstört. Auf dem Jüdischen Friedhof an der Ohlsdorfer Ihlandkoppel erinnert ebenso wie am Israelitischen Krankenhaus ein Gedenkstein an ihn. Der Salomon-Heine-Weg liegt in den Stadtteilen Eppendorf und Alsterdorf.

Philipp Otto Runge

*** 23.7.1777 in Wolgast | † 2.12.1810 in Hamburg**
Maler

Der zu den bedeutendsten Vertretern der Frühromantik zählende Kaufmanns- und Reederssohn zeigte früh zeichnerische Talente und erhielt vielfältige geistesgeschichtliche Anregungen, war aber auch krankheitsanfällig. Im Jahr 1795 ging er zusammen mit seinem ältesten Bruder Daniel 1795 nach Hamburg, um in dessen Kaufmannsgeschäft eine Ausbildung zu absolvieren. In diesen Kreisen kam er mit wichtigen Vertretern der Kultur- und Geistesgeschichte zusammen, darunter Matthias Claudius und Friedrich Gottlieb Klopstock. Nachdem er ab 1797 Zeichenunterricht genommen hatte, ging er 1799 zum Studium an die Kopenhagener Akademie. Ab 1801 setzte Runge seine Ausbildung eigenständig in Dresden fort. Dort heiratete er die Fabrikantentochter Pauline Bassenge, die auch in bedeutenden Werken von Runge künstlerisch dokumentiert ist. Die in Dresden erhaltenen künstlerischen Anregungen – unter anderem war er mit Caspar David Friedrich bekannt – flossen in sein Werk ein. Im Jahr 1804 kam Runge wieder nach Hamburg, wo er den größten Teil seines Werkes schaffen sollte. Außerdem bildete er sich in der Farbenlehre weiter, 1810 veröffentlichte er mit der »Farben-Kugel« eine wegweisende theoretische Schrift. Zu Runges wichtigsten künstlerischen Sujets gehörte die Porträtierung von Kindern (»Hülsenbecksche Kinder«, 1805/06). Nachdem der Maler im 19. Jahrhundert in Vergessenheit geraten war, wurde seine Bedeutung von Alfred Lichtwark erkannt, der einen großen Teil von Runges Werken für die Hamburger Kunsthalle erwarb. Bis heute zählen die Bilder zum bedeutendsten Sammlungsbestand dieser Einrichtung. Runge, der im jungen Alter von 33 Jahren an einer Lungenkrankheit starb, erhielt ein Ehrengrab auf dem Ohlsdorfer Friedhof im Althamburgischen Gedächtnisfriedhof. In Barmbek sind dem Maler eine Straße und ein Stieg gewidmet.

Aalweber

Aalweber

(eigentlich Johann Jürgen oder Karl Weber)

*** um 1780 in Bremerlehe (Lehe, heute Bremerhaven) | † 24.8.1854 in Hamburg**
Hamburger Original, Aalverkäufer und Bürstenbinder

Über das Leben der stadtbekannten Persönlichkeit, die ab circa 1800 als Straßenhändler in Hamburg lebte, ist wenig bekannt. Geboren wurde er in Lehe, heute Bremerhaven – dort, wo die Geeste in die Weser mündet. Auch Aalwebers eigentlicher Vorname ist unklar geblieben. In Hamburg wurde er durch zweifachen Handel populär: Am frühen Morgen verkaufte er zunächst Bürsten. Im weiteren Verlauf des Tages hatte er dann geräucherte Aale im Angebot, die – mit einer Serviette bedeckt – aus einem Korb heraus ans Publikum gebracht wurden. Dies verhalf ihm zu seinem Necknamen. Wie überliefert wurde, kamen die Aale unter anderem aus der Hagenbeckschen Fischhandlung in St. Pauli. In Carl Hagenbecks Memoiren, unter dem Titel »Von Tieren und Menschen« erschienen, wurde Aalweber als einer der treuesten Kunden bezeichnet. Aalweber fiel durch seine Verkaufssprüche auf, die er in endlos scheinende Verse verpackte. Überliefert wurde beispielsweise folgender Spruch: *»Aal, rökert Aal!/Madam, kumm gau herdal,/De Köksch de sitt in Kellerlock/Und flickt ehrn Krenolinenrock.«* Nicht zuletzt fiel Aalweber durch seine Kleidung auf. Diese bestand aus weißer Hose und roter Weste. Auf dem Kopf trug er einen Filzhut oder Zylinder. An der Kleidung waren Blumen angebracht. Auf Hamburger Volksfesten (Lämmermarkt, Waisengrün) hatte er jeweils Verkaufsstände. Daneben hatte er eine Bude an der Kirchenallee in St. Georg – etwa dort, wo heute das Deutsche Schauspielhaus steht. Aalweber war zweimal verheiratet, seine erste Frau Catharina Maria Mull starb 1830, seine zweite Frau Elisabeth Margaretha Fraerichs heiratete er 1835. An Aalweber, der im Armenhaus starb, erinnert am Haus Koppel 2 im Stadtteil St. Georg ein Relief. Aalweber wurde in und nach seiner Zeit zum Hamburger Original, seine Figur taucht auch in einer Aufführung der Oper »Gustav oder der Maskenball« auf.

Hummel

(auch Hans Hummel, eigentlich Johann Wilhelm Benz oder Bentz)

*** 21.1.1787 in Hamburg | † 15.3.1854 ebenda**
Hamburger Original, Wasserträger

Hummel gilt als das bekannteste unter den Hamburger Originalen und machte sich mit seiner Parole »Hummel Hummel– Mors Mors!« gleichsam unsterblich. Geboren als uneheliches Kind, wuchs er im Stadtteil Neustadt auf. Dieser wurde auch zu seinem Tätigkeitsfeld. In einer Zeit ohne zentrale Wasserversorgung hatte er als Wasserträger eine wichtige Aufgabe zu erfüllen. Wie er zu seinem Necknamen Hummel gekommen war, ist nicht vollständig zu klären. Sein Vorgänger in seiner Neustädter Wohnung trug diesen Namen, möglicherweise wurde er von der Nachbarschaft auf ihn übertragen. Da er als missmutige Person galt, wurde er von Kindern häufig mit seinem Namen geneckt, darauf antwortete er mit »Mors Mors«. Dies war eine verknappte Variante des niederdeutschen »Klei mi an'n Mors« (»Leck(t) mich am Arsch«). So entstand der mit ihm verbundene Spruch. Als die Neustadt an die 1848 errichtete, so genannte Wasserkunst in Rothenburg, also die zentrale Wasserversorgung, angeschlossen wurde, verlor Hummel seine Arbeit. Er starb schließlich im Werk- und Armenhaus, bestattet wurde er auf dem heute nicht mehr existierenden Dammtor-Friedhof. Die typische Darstellung seiner Figur mit Tragejoch, Wassereimern und Zylinderhut ist an verschiedenen Stellen im Hamburger Stadtbild präsent, so auf den Fahrzeugen der Hamburger Wasserwerke. Daneben erinnert ein 1938 vom Bildhauer Richard Kuöhl geschaffener Hummelbrunnen aus Muschelkalk im Rademachergang im Stadtteil Neustadt an das Hamburger Original. Die Kosten wurden durch den Verein geborener Hamburger aufgebracht. Ein weiterer Hummelbrunnen wurde auf dem Gelände des Krankenhauses Barmbek errichtet. Bei einer 2003 begonnenen Skulpturenparade wurden über hundert unterschiedlich bemalte Figuren des Wasserträgers in der Hamburger City aufgestellt und später, im Jahr 2006, zu Gunsten von Obdachlosen versteigert.

Julius Campe

*** 18.2.1792 in Deensen (heute Samtgemeinde Eschershausen-Stadtoldendorf, Landkreis Holzminden) | † 14.11.1867 in Hamburg**
Buchhändler, Verleger

Der Neffe des aufklärerischen Verlegers und Pädagogen Joachim Heinrich Campe lernte und arbeitete zunächst in Buchhandlungen, unter anderem in der Hamburger Buchhandlung seines Halbbruders August Campe. Nachdem er in den so genannten Befreiungskriegen schwer verwundet worden war, kehrte er nach einer zweijährigen Italienreise wieder nach Hamburg zurück. 1823 übernahm er den Verlag Hoffmann und Campe. Er freundete sich mit Heinrich Heine an und publizierte ab 1826 dessen »Reisebilder« (unter anderem mit der »Harzreise«). Damit begann eine erfolgreiche verlegerische Tätigkeit mit Schriftstellern des »Jungen Deutschland«, unter ihnen Ludwig Börne und Karl Gutzkow. Einerseits auf Grund der praktizierten Zensur verlegerisch damit unter Druck geraten, fand Julius Campe andererseits immer wieder neue Wege, oppositionelle Literatur herauszubringen. Dazu zählte auch Hoffmann von Fallersleben, dessen zweiteilige »Unpolitische Lieder« mit dem »Lied der Deutschen« 1840/41 erschienen, Letzteres auch als Einzelausgabe. Unter Julius Campe wurde der Verlag damit zu einem Pionier der Liberalität und Zentrum der Opposition in Deutschland. 1841 wurden alle publizistischen Produkte des Verlages in Preußen verboten. Neben den genannten zählten auch Karl Immermann, Ernst Raupach, Ludolf Wienbarg und Friedrich Hebbel zu seinen bekannten Autoren. 1838 begründete Julius Campe zudem eine Literaturzeitschrift unter dem Titel »Telegraph für Deutschland«. Julius Campe, der zunächst auf dem Begräbnisplatz der Hauptkirche St. Petri bestattet wurde, liegt nach einer Umbettung in der Familiengrabstätte auf dem Ohlsdorfer Friedhof begraben. Nach ihm ist ein Literaturpreis benannt, der vom Verlag 1956 zum eigenen 175-jährigen Bestehen gestiftet wurde.

Amalie Wilhelmine Sieveking

*** 25.7.1794 in Hamburg | † 1.4.1859 ebenda**
Philantropin, Sozialreformerin, Mitbegründerin der Diakonie

Amalie Sieveking gilt als Pionierin der Sozialarbeit in Deutschland. Nach dem frühen Verlust der Eltern, zunächst der Mutter (1799), später auch des Vaters (1809), musste die Senatorentochter frühzeitig selbst ihre Existenz sichern. Nachdem sie teilweise in fremden Haushalten aufgewachsen war, arbeitete Amalie Sieveking als Erzieherin und Lehrerin. Auch gründete sie eine private Mädchenschule. Sie kam mit der religiös-protestantischen Erweckungsbewegung, die das praktische christliche Handeln in den Vordergrund rückt, in Kontakt und verfasste in den 1820er Jahren religiös-theologische Schriften. Im Umfeld der in Hamburg 1831 ausgebrochenen Choleraepidemie engagierte sie sich, pflegte Kranke in den Armenhäusern und rief andere bürgerliche Frauen zur mildtätigen Fürsorge auf. Sie erkannte die schwere Not der ärmeren Schichten, die von der Seuche in besonderem Maße getroffen worden waren. Anschließend gründete sie mit weiteren Frauen 1832 den Weiblichen Verein für Armen- und Krankenpflege, der zum Vorbild für ähnliche Organisationen der Diakonie in anderen Städten wurde. Amalie Sieveking verfasste zahlreiche Berichte über die Arbeit des Vereins, der die Betroffenen nicht zuletzt zur Selbsthilfe anleitete. Nach einer Schenkung stiftete sie 1840 Armenwohnungen (sogenanntes Erstes Amalienstift, heute unter Denkmalschutz), der später zwei weitere Stiftungen folgten. Diese Einrichtungen waren von strengen Regularien und christlichem Glauben geprägt. Amalie Sieveking blieb auch weiterhin dem Unterrichten verbunden. Nachdem sie an einer Lungenerkrankung verstorben war, wurde sie im Familienmausoleum auf dem Alten Hammer Friedhof an der Dreifaltigkeitskirche bestattet. Neben der Stiftung sind ihr das evangelische Krankenhaus und ein Weg im Stadtteil Volksdorf gewidmet.

Heinrich Heine

13.12.1797 in Düsseldorf (als Harry Heine) | † 17.2.1856 in Paris
Dichter, Journalist

Heines Geburtsdatum ist umstritten, der Dichter selbst nannte 1799 als sein Geburtsjahr, während die Forschung vom oben genannten Datum ausgeht. Bis zu seiner Konversion zum Protestantismus 1825 hieß der Dichter mit Vornamen Harry. Er war Sohn des jüdischen Tuchhändlers Samson Heine und dessen 1859 in Hamburg verstorbener Ehefrau Betty (geb. van Geldern). 1816 wurde er im Bankhaus seines Hamburger Onkels Salomon Heine aufgenommen, das er jedoch schon bald wieder verließ. In den Folgejahren studierte Heine bis 1825 Jura in Bonn, Göttingen sowie in Berlin und schloss mit dem Doktor der Rechte ab. In seiner Berliner Zeit veröffentlichte Heine 1822/23 erste Bücher. Weitere Werke – zunächst ab 1826 die »Reisebilder« – erschienen im Hamburger Verlag Hoffmann und Campe, der zur Plattform der »Junges Deutschland« genannten literarischen Strömung wurde. Seine kritische Beziehung zu Hamburg wird in »Aus den Memoiren des Herrn von Schnabelewopski«, die 1834 erschienen, deutlich. Wegen seiner politischen, gesellschaftskritisch-satirischen Werke kam Heine, der später auch Vertretern des Sozialismus nahestand, stets in Konflikt mit der herrschenden Zensur. 1833/35 wurden seine Werke schließlich verboten, Verfolgungsmaßnahmen gegen den Dichter erlassen. Dieser Einschränkungen überdrüssig, ging er 1831 nach Paris und blieb bis zu seinem Tod dort im Exil. Dort heiratete er 1841 auch Mathilde Mirat. Heine starb nach jahrelanger Krankheit und Bettlägerigkeit und wurde auf dem Friedhof Montmartre in Paris bestattet. Seit 1982 erinnert ein Denkmal auf dem Hamburger Rathausplatz und ein weiteres vor dem nach ihm benannten Gymnasium im Stadtteil Poppenbüttel an den Dichter. Zwei frühere Denkmäler waren von den Nationalsozialisten, die seine Werke zu Objekten der Bücherverbrennung machten, zerstört bzw. vor diesen zur Sicherheit ins Ausland gebracht worden. In den Stadtteilen Wilstorf und Bergedorf erinnern eine Straße und ein Weg an Heine. Der Grabstein von Heinrich Heines Mutter Betty, die ursprünglich auf dem Jüdischen Friedhof am Grindel beigesetzt worden war, steht auf dem Jüdischen Friedhof Ilandkoppel in Ohlsdorf.

Gabriel Riesser

*** 2.4.1806 in Hamburg | † 22.4.1863 ebenda**
Jurist und Politiker, Vertreter der jüdischen Emanzipationsbewegung

Der erste jüdische Richter in Deutschland war Sohn eines Kaufmannes und einer Altonaer Oberrabbinertochter. Seine Schulzeit absolvierte er am Johanneum sowie am Lübecker Katharineum. Das Studium der Rechtswissenschaften in Kiel und Heidelberg schloss er 1826 mit einer Promotion ab. Als Jude wurde ihm jedoch sein Berufsziel des Anwaltes 1829 mit Hinweis auf seinen Glauben verwehrt, da Juden damals noch kein Bürgerrecht hatten. Riesser machte sich Ideen des politischen Liberalismus zu eigen und engagierte sich publizistisch für eine emanzipatorische Gesellschaft. 1832 gründete er eine Zeitschrift, die den programmatischen Titel »Der Jude. Periodische Blätter für Religions- und Gewissensfreiheit« trug. Im Folgejahr verfasste er eine Denkschrift zur Gleichberechtigung der Juden. Auch in weiteren publizistischen Arbeiten vertrat er seine in der Aufklärungs- und Gleichheitsphilosophie begründeten Anschauungen. 1840 gelang es Riesser schließlich, in Hamburg zum Notar bestellt zu werden. Damit war künftig seine berufliche Existenz gesichert. Im Kontext der 1848er-Revolution war er Mitglied der Frankfurter Nationalversammlung (1848/49). Als Mitglied der so genannten Kaiserdeputation bot er Friedrich Wilhelm IV. am 3. April 1849 die Kaiserkrone an. Riesser war nun nicht nur zu einem der wichtigsten Vertreter der jüdischen Emanzipationsbewegung in Deutschland geworden, sondern auf Grund seiner parlamentarischen Aktivitäten zugleich zu einem bekannten Politiker. Nachdem er in Hamburg das Bürgerrecht erwerben konnte, war er von 1859 bis 1862 Mitglied der Hamburgischen Bürgerschaft (vorübergehend auch deren Vorsitzender). Als Obergerichtsrat wurde er – infolge einer Modernisierung der Hamburger Verfassung – 1860 der erste jüdische Richter in Deutschland. Zunächst auf dem Friedhof im Grindelviertel beigesetzt, wurde sein Grabdenkmal nach dessen Zerstörung durch die Nationalsozialisten auf den Jüdischen Friedhof Ihlandkoppel in Ohlsdorf verbracht. Im Stadtteil Hamm ist eine Straße nach ihm benannt.

Elise Averdieck

*** 26.2.1808 in Hamburg | † 4.11.1907 ebenda**
Pädagogin, Kinderbuch-Autorin, Diakonissin

Bekannt geworden durch die Gründung des Kranken- und Diakonissenmutterhauses Bethesda, widmete sich die aus bürgerlichem Hause stammende Elise Averdieck frühzeitig der Fürsorge und Pflege. Zunächst geschah dies innerhalb der eigenen Familie, wo sie beispielweise ihre Mutter bei der Kindererziehung unterstützte. Von 1832 bis 1837 wirkte sie in einer orthopädischen Mädchenanstalt am Borgesch in der damaligen Vorstadt St. Georg, bevor sie dort eine Vorschule für Knaben einrichtete. Ab 1843 unterrichtete Elise Averdieck Mädchen in einer von der protestantischen Erweckungsbewegung geprägten Sonntagsschule. Im Zusammenhang mit ihrem Unterricht arbeitete sie auch Kinderlesebücher aus, darunter die mehrbändige Reihe »Kinderleben«. Im Jahr 1849 traf Averdieck in Hermannsburg (Lüneburger Heide) mit dem protestantischen Theologen Ludwig Harms zusammen, der zu den bedeutendsten Erweckungspredigern des 19. Jahrhunderts zählt (»Hermannsburger Mission«). Die Hermannsburger Zeit prägte sie in ihrem Glauben und in ihrer christlich-sozialen Arbeit nachhaltig. Bereits zuvor war Elise Averdieck auch im Weiblichen Verein für Armen- und Krankenpflege tätig geworden, der von Amalie Sieveking gegründet worden war. Im Herbst 1856 war sie Mitgründerin des Krankenhauses Bethesda, das 1859 zu einem Kranken- und Diakonissenhaus erweitert wurde (heute vereinigt mit dem Allgemeinen Krankenhaus Bergedorf). Neben ihrer Diakonissentätigkeit ist sie mit ihren Kinderbüchern bekannt geblieben. Elise Averdieck, die fast 100 Jahre alt wurde, ruht auf dem Alten Hammer Friedhof an der Dreifaltigkeitskirche. Im Stadtteil Borgfelde wurde eine Straße nach ihr benannt. Die 1909 in der Wartenau gegründete, zunächst private Elise-Averdieck-Schule (später verstaatlicht und Gymnasium) ging 1989 im Margarethe-Rothe-Gymnasium auf. Die evangelischen Elise-Averdieck-Schulen im niedersächsischen Rotenburg/Wümme bieten Ausbildungsgänge in sozialen Berufen an.

KRANZ
55

William Lindley

*** 7.9.1808 in London | † 22.5.1900 in Blackheath**
Ingenieur

Der englische Ingenieur hat, nicht zuletzt beim Wiederaufbau Hamburgs nach dem Brand von 1842, maßgeblich zur Modernisierung der Stadt beigetragen. Über Geschäftskontakte hatte Lindleys Vater, der als Landvermesser und Kaufmann tätig war, Beziehungen nach Hamburg. Mit ihm kam William Lindley bereits im Alter von 16 Jahren für zehn Monate ins damals noch dänische Wandsbek, um Deutsch zu lernen. Nach einer gescheiterten Kaufmannslehre arbeitete Lindley zunächst in einem Londoner Ingenieursbüro, bevor er sich selbstständig machte. Ab 1838 wurde er am Projekt einer Eisenbahnverbindung zwischen Hamburg und Lübeck beteiligt. Dies bildete den Startschuss für eine langjährige, bis 1860 reichende Tätigkeit bei der Entwicklung der Infrastruktur in Hamburg. Dazu zählten neben Eisenbahnstrecken die Erschließung verschiedener Stadtteile (Hammerbrook, St. Georg, Uhlenhorst und andere), Kanalisation, Hafenanlagen, eine Gasanstalt sowie die Wasserversorgung in Altona. Nach dem Stadtbrand 1842 wurde er technischer Berater für den systematischen Wiederaufbau der Stadt. Die so genannte Stadtwasserkunst als durchdachtes Kanalisations- und Wasserversorgungssystem mit dem Wasserturm in Rothenburgsort geht auf ihn zurück. Nicht zuletzt plante der sozialreformerisch orientierte Lindley öffentliche Badehäuser für breite Bevölkerungskreise. Der in die Hamburger Gesellschaft gut integrierte, aber in Fachkreisen auch angefeindete Ingenieur heiratete 1852 mit Julie Heerlein eine Hamburger Kaufmannstochter. Nachdem sein Vertrag 1860 nicht verlängert worden war, ging er nach England zurück und wirkte später auch in weiteren europäischen Städten, wo er die Kanalisationssysteme plante. Im Stadtteil Rothenburgsort ist William Lindley eine Straße, am Baumwall ein Denkmal gewidmet.

Carl Laeisz

*** 27.4.1828 in Hamburg | † 22.3.1901 ebenda**
Kaufmann, Reeder

Nach einer Kaufmannslehre und mehreren Studienreisen nach Frankreich, Großbritannien und Amerika wurde Carl Laeisz 1852 Teilhaber des bis heute existierenden Unternehmens F. Laeisz, das sein Vater Ferdinand begründet hatte. Die Geschäftsbereiche waren Handel, Schifffahrt und Versicherung. Carl Laeisz baute das Unternehmen zu einer der international bedeutendsten Segelschiff-Reedereien aus. 1852 heiratete er die Schiffsmaklerstochter Sophie Christine Knöhr, beider 1853 geborener Sohn Carl Ferdinand wurde ebenfalls Reeder und auch Mitglied der Hamburgischen Bürgerschaft. Bekannt wurde die Reederei durch die »Flying P-Liner«, die als besonders schnelle, schnittige und zuverlässige Segelschiffe galten und deren Namen sämtlich mit einem »P« anfingen. Auch die für das geplante Deutsche Hafenmuseum in Hamburg vorgesehene »Peking« gehört zu diesen Schiffen. Sie konnten sich im Massengutverkehr auch noch im Wettbewerb mit Dampfschiffen halten. Das Interesse von Carl Laeisz fokussierte sich im späten 19. Jahrhundert auf die so genannten Salpeterfahrten nach und von Chile. Salpeter (Natriumnitrat, auch als Chile-Salpeter bekannt) war damals ein als Nitratdünger in der Landwirtschaft gefragtes Düngemittel und wurde weltweit verschifft beziehungsweise gehandelt. Carl Laeisz war innerhalb der Hamburger Wirtschaft und Gesellschaft vielfach vernetzt und an zahlreichen Firmengründungen im Schifffahrtssektor beteiligt. Zudem war er Großaktionär und Aufsichtsratsvorsitzender der HAPAG-Reederei. Carl Laeisz, der in seinen letzten Lebensjahren im Vorstand der Philharmonischen Gesellschaft saß, stiftete testamentarisch die 1908 fertiggestellte Hamburger Musikhalle, die seit 2005 nach ihm benannt ist. Carl Laeisz starb ein Jahr nach dem Tod seines einzigen Sohnes Carl Ferdinand. Er wurde im Familiengrab auf dem Ohlsdorfer Friedhof bestattet.

Alfred Brehm

*** 2.2.1829 in Unterrenthendorf (heute Renthendorf) | † 11.11.1884 ebenda**
Zoologe, Schriftsteller, Tierpark-Direktor

Als Sohn des Pfarrers und Ornithologen Christian Ludwig Brehm kam der spätere Gründungsdirektor des Hamburger Zoologischen Gartens und berühmte Tierschriftsteller frühzeitig mit der Naturkunde in Kontakt. Nach einem abgebrochenen Architekturstudium in Leipzig ging Brehm als Begleiter des Ornithologen Johann Wilhelm von Müller von 1847 bis 1852 auf eine sein weiteres Leben prägende Afrika-Expedition. 1853 begann er ein naturwissenschaftliches Studium in Jena, das er zwei Jahre später mit der Promotion abschloss. In den Folgejahren reiste er nach Spanien, Norwegen und Lappland und war publizistisch aktiv. Der Hochzeit mit seiner Cousine Mathilde Reiz 1861 folgte eine weitere Afrika-Reise. Im Jahr 1862 wurde Brehm als Direktor des neuen Zoologischen Gartens nach Hamburg berufen und öffnete ihn nach seinem Dienstantritt ab 1863 für ein breites Publikum. In seiner bis 1866 währenden Hamburger Zeit erschienen auch die ersten Auflagen seines berühmtesten Werkes, des »Illustrirten Thierlebens« (später als »Brehms Tierleben« bekannt geworden). Zugleich wurden drei seiner Kinder in Hamburg geboren. Nach Auseinandersetzungen mit dem Verwaltungsrat des Zoologischen Gartens endete Brehms Tätigkeit in der Hansestadt. Seine nächste Station wurde Berlin, wo er das Aquarium Unter den Linden konzipierte (1869) und mehrere Jahre auch leitete. Auch der Düsseldorfer Zoo-Park wurde unter anderem nach Brehms Ideen konzipiert. Zugleich waren diese Jahre von Vorträgen und zahlreichen weiteren Reisen geprägt, zum Beispiel nach Kroatien, Sibirien, Spanien, Ungarn und in die USA. An Malaria erkrankt und von familiären Schicksalsschlägen wie dem Tod seines jüngsten Sohnes getroffen, starb Brehm in seinem Geburtsort. Im Stadtteil Stellingen erinnert der Brehmweg an ihn.

Johannes Brahms

*** 7.5.1833 in Hamburg | † 3.4.1897 in Wien**
Komponist, Pianist und Dirigent

Brahms, der im Hamburger Gängeviertel geboren wurde, kam dank seines familiären Hintergrundes frühzeitig mit Musik in Berührung. Sein Vater verdiente als Kontrabassist und Hornist unter anderem in Wirtshäusern seinen Lebensunterhalt. Ab dem Alter von sieben Jahren erhielt Brahms Klavier- und Kompositionsunterricht. Seine frühen Klavierkompositionen verfasste er häufig unter Pseudonymen. Ab 1847 trat der noch junge Brahms regelmäßig bei öffentlichen Konzerten auf und gewann bereits an Renommee. So wurden seine Kindheits- und Jugendjahre in Hamburg prägend für ihn. 1853 ging er mit dem ungarischen Geiger Eduard Reményi auf Konzerttournee. Die in der ersten Hälfte der 1850er Jahre geschlossene Bekanntschaft mit Robert und Clara Schumann brachte ihm größere Bekanntheit ein. Im Alter von 20 Jahren erschienen erste Artikel über ihn, einige Kompositionen wurden in einem Musikverlag publiziert. Mit Clara Schumann verband ihn eine enge Freundschaft und Leidenschaft. Von 1857 bis 1859 lebte er in Detmold, wo er einen Chor leitete. Nach seiner Rückkehr nach Hamburg verhalf ihm der Musikverleger Fritz Simrock zu weiterer Bekanntheit. Da er in seiner Heimatstadt aber keine führenden Stellen erlangen konnte, ging er nach Wien und wurde dort 1863/64 Chormeister der Singakademie. 1872 siedelte der inzwischen sehr erfolgreiche Brahms endgültig nach Wien über. Obwohl er von seiner Arbeit leben konnte, übernahm er von 1873 bis 1875 zusätzlich die Leitung des Wiener Singvereins. Brahms zählte nun zu den prominentesten Repräsentanten des internationalen Musiklebens. Insgesamt gehört er zu den bedeutendsten deutschen Komponisten. Die Stadt Hamburg hatte ihm bereits 1889, also noch zu Lebzeiten, die Ehrenbürgerwürde verliehen. Nach seinem Tod erhielt er ein Ehrengrab auf dem Wiener Zentralfriedhof. Im Stadtteil Harvestehude wurde eine Straße nach Brahms benannt.

Johann Georg Mönckeberg

*** 22.8.1839 in Hamburg | † 27.3.1908 ebenda**
Politiker, Erster Bürgermeister

Als ältester Sohn eines Pastors – sein Vater Carl wirkte an der Hauptkirche St. Nikolai – wuchs er in einer bekannten und verzweigten Hamburger Familie auf. Mönckeberg absolvierte das Johanneum und das Akademische Gymnasium, bevor er in Heidelberg und Göttingen Jura studierte. Nach seinem mit einer Promotion abgeschlossenen Studium erhielt er 1863 die Zulassung als Advokat in Hamburg. Zunächst als Syndikus für die Berlin-Hamburg-Eisenbahn-Gesellschaft tätig, arbeitete er später anderweitig im Juristenberuf. Vorübergehend war er Leutnant im Hamburger Bürgermilitär. Im Jahr 1871 wurde er Abgeordneter der Hamburgischen Bürgerschaft und 1876 in den Senat gewählt, dem er bis zu seinem Tod angehörte. Mehrfach amtierte Johann Georg Mönckeberg ab 1890 turnusmäßig als Bürgermeister. Nur juristisch geschulte Senatoren durften damals Erster Bürgermeister werden, dieses Amt wurde aus den jeweils Ältesten unter ihnen besetzt. Mönckebergs Amtszeiten fielen in eine Zeit des raschen Bevölkerungswachstums und der Industrialisierung. Zugleich gehörte die Bewältigung der Choleraepidemie von 1892 zu den großen Herausforderungen, in deren Folge die mangelhaften Wohnverhältnisse unterer sozialer Schichten thematisiert wurden und Mönckeberg den Vorsitz der Sanierungskommission übernahm. Sein eigentliches Spezialgebiet war das Finanzwesen, ab 1885 war er Präses der Finanzdeputation. Auch der 1906 begonnene Hochbahnbau zählte zu den von ihm betriebenen Projekten. Johann Georg Mönckeberg wurde in der Familiengrabstätte auf dem Ohlsdorfer Friedhof bestattet, nach seinem Tod wurde die Straße zwischen dem damals neuen Hauptbahnhof und dem Rathaus nach ihm benannt. Mönckebergs gleichnamiger Sohn, der seiner Ehe mit Elise Mathilde, geborene Tesdorpf, entstammte, wurde später Pathologie-Professor an der Universität Straßburg.

Johann Joachim Darboven

*** 7.4.1841 in Lauenbruch (später Harburg) | † 18.2.1909 in Hamburg**
Kaffee-Unternehmer

Der in einem heute nicht mehr existierenden, weil zugunsten der Hafenerweiterung abgerissenen Dorf an der Süderelbe geborene Darboven arbeitete zunächst im elterlichen Landwirtschafts- und Milchhandelsbetrieb. Anschließend absolvierte er in Altona eine vierjährige kaufmännische Lehre. Im Jahr 1866 gründete er unter seinem Namen in Hamburg ein Gewürzgeschäft, mit dem er sich später auf Kaffee und Tee spezialisierte. Die Firma J. J. Darboven war die erste, die mit einem gerösteten Kaffee handelte, der in einer eigenen Rösterei hergestellt wurde. Sonst war es damals üblich, die Kaffeebohnen grün zu erwerben und anschließend selbst zu rösten. Bereits wenige Jahre später präsentierte er weit über 100 Kaffeesorten auf dem Markt. Darbovens Geschäft befand sich in der Straße Brandsende im Stadtteil Altstadt, nahe des heutigen Ballindammes. Auch für die Produktion von Würfelzucker wurde Darboven bekannt. Im späten 19. Jahrhundert expandierte das Unternehmen und profitierte dabei von Darbovens ausgefeilten Marketingstrategien. Dazu gehörte es, den Kaffeesendungen Sammelbilder beizulegen. Aber auch die wachsende Bedeutung Hamburgs als Kaffeehandelsplatz förderte die Ausweitung seiner geschäftlichen Aktivitäten. Nach dem räumlichen Ausbau des Stammgeschäftes konnte 1874 eine Filiale am Rödingsmarkt eröffnet werden, später kam ein Teesalon am Neuen Wall hinzu. Noch zu seinen Lebzeiten traten seine beiden Söhne Arthur und Cäsar ins väterliche Unternehmen ein und übernahmen es nach Darbovens Tod. Es befindet sich noch immer in Familienbesitz und hat seinen Sitz im Stadtteil Billbrook. International bekannt wurde es in den späten 1920er Jahren mit der Einführung eines magenschonenden Kaffees unter dem Markennamen »Idee«. Johann Joachim Darboven wurde auf der Familiengrabstätte auf dem Friedhof Nienstedten bestattet.

O. Herrfurth.
Hamburg.

Zitronenjette

(eigentlich Johanne Henriette Marie Müller)

*** 18.7.1841 in Dessau | † 8.7.1916 in Hamburg**

Verkäuferin, Hamburger Original

Die »Zitronenjette« – neben dem Wasserträger Hummel wohl das bekannteste Hamburger Original – verdankte ihren Spitznamen dem Handel mit Zitronen und der Abkürzung eines ihrer Vornamen (Henriette = Jette). Als uneheliches Kind kam sie kurz nach der Geburt mit ihrer Mutter nach Hamburg. Sie war kleinwüchsig und wog auch im Erwachsenenalter nicht mehr als 35 Kilogramm. Mit einer ihrer Schwestern wohnte sie im Gängeviertel und lebte vom Zitronenverkauf. Wegen ihrer ungewöhnlichen Erscheinung wurde sie im Hamburger Straßenbild bekannt und auch verspottet. Die Zitronenjette wurde alkoholkrank und mehrfach von der Polizei aufgegriffen. 1894 kam sie in die damals so genannte Irrenanstalt Friedrichsberg, wo sie den Rest ihres Lebens verbrachte. Im Jahr 1900 wurde ein nach ihr benanntes Schauspiel von Theodor Francke im Ernst-Drucker-Theater in St. Pauli aufgeführt. Später schrieb Paul Möhring ein erfolgreiches Theaterstück über die Zitronenjette, das in einer Hörspielfassung 1952 vom damaligen Nordwestdeutschen Rundfunk (NWDR) Hamburg ausgestrahlt wurde. 1986 wurde nahe des Michel an der Ludwig-Erhard-Straße eine Bronzeplastik eingeweiht, die an die Zitronenjette erinnert. Auf ihr steht die Inschrift: »Dien Leben wer suur as de Zitroonen, sall sick dat Erinnern an di lohnen? Dien Schiksol wiest op all de Lüüd, for de dat Glück het gar keen Tiet« (»Dein Leben war sauer wie die Zitronen, soll sich das Erinnern an dich lohnen? Dein Schicksal weist auf all die Leute, für die das Glück hat gar keine Zeit«). Das ursprüngliche Grab auf dem Ohlsdorfer Friedhof wurde eingeebnet, im dort gelegenen »Garten der Frauen« gibt es einen Erinnerungsstein für sie. Auch ein Boot von »De Fleetenkieker – Verein für Umwelt- und Gewässerschutz e. V.« in Hamburg wurde nach ihr benannt.

Justus Brinckmann

*** 23.5.1843 in Hamburg | † 8.2.1915 in Bergedorf**
Begründer und erster Direktor des Museums für Kunst und Gewerbe

Der Sohn eines Gelehrten studierte in Leipzig und Wien Naturwissenschaften, Staatsrecht und Nationalökonomie. Seinem frühen Interesse an Kunstgeschichte zum Trotz arbeitete er ab 1868 zunächst für einige Jahre in Hamburg als Advokat. Zugleich betätigte sich Brinckmann auch publizistisch sowie als Ausstellungskurator. Von 1873 bis 1877 war er Sekretär der neu gegründeten Gewerbekammer. Seine Begeisterung für Sammlertätigkeiten und die Verbindung von Kunst und Handwerk ließ ihn in den 1870er Jahren auf die Begründung des Museums für Kunst und Gewerbe hinarbeiten. 1869 stellte der Gewerbe-Verein der Hamburger Patriotischen Gesellschaft kunstgewerbliche Produkte aus, um das Interesse der Öffentlichkeit zu wecken. Nachdem ab 1874 erste Sammlungen in angemieteten Räumen untergebracht worden waren, entstand in den Folgejahren am Steintorplatz das 1877 eröffnete heutige Museum für Kunst und Gewerbe (zuerst unter dem Namen Staatliches Technikum und Museum für Kunst und Gewerbe). Justus Brinckmann blieb bis zu seinem Tod Direktor der neuen Einrichtung. Er heiratete insgesamt dreimal, das erste Mal 1868. Seine ersten beiden Frauen, Ida von Froschauer und ihre Schwester Adele von Froschauer, starben frühzeitig. Aus diesen Ehen gingen insgesamt acht Kinder hervor. Nach dem Tod seiner zweiten Frau heiratete er 1901 Henriette Hahn, die als Zeichenlehrerin an der von ihm geführten Gewerbeschule für Mädchen arbeitete und als Kunstmalerin tätig war. Mit ihr hatte Brinckmann bereits seit 1893 eine uneheliche Tochter. Aus dieser Ehe gingen weitere vier Kinder hervor. Seine letzten Lebensjahre verbrachte er in Bergedorf, wo heute eine Straße nach ihm benannt ist – auch der Freundeskreis des Museums für Kunst und Gewerbe trägt seinen Namen.

Detlev von Liliencron

(eigentlich Friedrich Adolf Axel Freiherr von Liliencron)

*** 3.6.1844 in Kiel | † 22.7.1909 in Alt-Rahlstedt (heute Hamburg)**
Dichter

Breiteren Kreisen durch seine Sturmflut-Ballade »Trutz, Blanke Hans« bekannt geworden und zugleich einer der bedeutendsten Dichter in der Kaiserreich-Zeit, besuchte der Zollbeamtensohn zunächst in Kiel die Gelehrtenschule und später die Realschule in Erfurt. 1863 trat er ins Militär ein und nahm am Deutschen Krieg 1866 und am Deutsch-Französischen Krieg 1870/71 teil. Von hohen Spielschulden geplagt, ging er 1875 in die USA, um 1877 nach Deutschland zurückzukehren und in Schleswig-Holstein auf verschiedenen Positionen in der Verwaltung zu arbeiten, unter anderem als Kirchspielsvogt. Während seiner Tätigkeit auf der nordfriesischen Insel Pellworm entstand »Trutz, Blanke Hans«, in dem er dichterisch die Gefahren der Nordsee thematisierte. Nach seinem zwangsweisen Ausscheiden aus dem Verwaltungsdienst – die weiterhin hohen Schulden hatten die Pfändung seiner Bezüge zur Folge – lebte er künftig als freier Schriftsteller. Im Jahr 1885 erfolgte die Scheidung von seiner ersten Frau, 1887 heiratete er die Gastwirtstochter Augusta Brandt. Detlev von Liliencron verkehrte nun zunehmend in Dichterkreisen, wurde finanziell unterstützt und weilte 1890/91 in München. 1891 nahm er seinen Wohnsitz im damals preußischen Ottensen und 1892 in Altona an der Palmaille. Hier verkehrte er mit den Schriftstellern Gustav Falke und Richard Dehmel, mit dem Epos »Poggfred« erschien 1896 sein wichtigstes Werk. Weiterhin musste Detlev von Liliencron in finanziell ungesicherten Verhältnissen leben. 1899 heiratete er die Landwirtstochter Anna Micheel und wurde bald darauf Mitglied des Kabaretts »Überbrettl«. Zu Beginn des 20. Jahrhunderts wurde sein Leben steter. Er bezog nunmehr ein kaiserliches Ehrengehalt und fand zunehmend literarische Anerkennung. Liliencron, der seine letzten Lebensjahre an der Rahlstedter Bahnhofstraße verbracht hatte, wurde auf dem Evangelischen Friedhof der Kirchengemeinde Alt-Rahlstedt bestattet. Im nahen Liliencron-Park erinnert ein Denkmal und in Rahlstedt eine Straße sowie die lokale Bücherhalle an den Verstorbenen.

Carl Hagenbeck

*** 10.6.1844 in Hamburg | † 14.4.1913 ebenda**
Zoodirektor

Der als Erfinder des naturnah gestalteten Tierparks geltende Hagenbeck wurde im Stadtteil St. Pauli geboren. Ab 1866 betrieb er den väterlichen Tierhandel, der auch mit Tierschauen verbunden war. Carl Hagenbeck erweiterte die Aktivitäten des Unternehmens durch jährlich mehrere Tierfang-Expeditionen, zunächst nach Afrika, später auch auf andere Kontinente. Unter seiner Regie exportierte das Unternehmen Tiere in alle Welt und wurde zum größten Unternehmen seiner Art in Deutschland. 1874 richtete Carl Hagenbeck einen neuen Standort am Neuen Pferdemarkt ein, nachdem er zuvor am Spielbudenplatz ansässig gewesen war. In dieser Zeit begannen auch die so genannten »Völkerschauen«, bei denen Vertreter fremder Völker und Kulturen – zum Beispiel Lappländer und Nubier – Einblicke in ihr Alltagsleben und ihre Traditionen geben sollten. Diese exotischen Völkerschauen, die später als kolonialistisch und rassistisch kritisiert wurden, erwiesen sich als großer Erfolg und gingen auf Tournee, nicht zuletzt ins Ausland. Am 11. März 1871 heiratete Carl Hagenbeck Amanda Mehrmann, aus der Ehe gingen zehn Kinder hervor. 1887 eröffnete er einen eigenen Zirkus, von wegweisender Bedeutung waren seine so genannten »zahmen Dressuren«. Mit dem 1907 im damals preußischen Stellingen (heute Stadtteil von Hamburg) eröffneten berühmten, nach ihm benannten Tierpark revolutionierte Carl Hagenbeck die Gestaltung von zoologischen Gärten. Das Gelände war bereits zehn Jahre zuvor angekauft und schrittweise hergerichtet worden. Der rasch populär werdende Stellinger Tierpark schuf bewusst natur- und landschaftsnahe Flächen, die den Besuchern die Illusion einer »authentischen« Kulisse vermitteln sollten. Nach seinem Tod wurde der Wagen mit dem Sarg auf eigenen Wunsch Hagenbecks noch einmal über das gesamte Tierparkgelände gefahren. Carl Hagenbecks Grabstätte auf dem Ohlsdorfer Friedhof war ursprünglich mit einer inzwischen gestohlenen und von Josef Pallenberg entworfenen Bronzeplastik des schlafenden Löwen »Triest«, seines Lieblingstieres, geschmückt. Nach dem Tierparkbegründer ist eine Straße in Stellingen benannt.

Helene Lange

*** 9.4.1848 in Oldenburg (Oldb.) | † 13.5.1930 in Berlin**
Frauenrechtlerin, Politikerin, Pädagogin

Die Alterspräsidentin der ersten Hamburgischen Bürgerschaft lebte zwar nur wenige Jahre in der Hansestadt, diese aber waren von weitreichendem Wirken geprägt. In jungen Jahren verlor sie ihre Mutter, später auch ihren Vater. Nachdem sie eine Zeit lang in einem Pensionat und als Erzieherin gelebt und gearbeitet hatte, ging sie nach Berlin und arbeitete nach 1871 bestandenem Examen, das sie autodidaktisch vorbereitet hatte, als Hauslehrerin sowie als Lehrerin in einer Privatschule. Ihre Schrift über »Die höhere Mädchenschule und ihre Bestimmung« von 1888 gab entscheidende Anstöße für Fortschritte in der Mädchenbildung, in speziellen Kursen bereitete sie Schülerinnen auf das Abitur vor (Mädchen durften damals kein Gymnasium absolvieren). Nun wurde sie eine der wichtigsten Vertreterinnen der bürgerlichen Frauenbewegung. 1890 zählte Helene Lange zu den Mitbegründerinnen des Allgemeinen Deutschen Lehrerinnenvereines und wurde dessen langjährige erste Vorsitzende (bis 1921). Weitere Initiativen folgten: unter anderem die Gründung der Zeitschrift »Die Frau« (1893) und führende Tätigkeit beim Allgemeinen Deutschen Frauenverein (von 1902 bis 1921 als Vorsitzende). Ab 1901 gab sie mit ihrer Lebensgefährtin Gertrud Bäumer, mit der sie auch die Zeitschrift »Die Frau« leitete, das »Handbuch der Frauenbewegung« heraus. Zugleich setzte sich Helene Lange, die seit 1899 an einer Augenkrankheit litt, für das Frauenstimmrecht ein. Im Jahr 1916 zog sie nach Hamburg und unterrichtete an der 1917 von Gertrud Bäumer gegründeten Sozialen Frauenschule. Ein ihr zum 70. Geburtstag überreichtes, hoch dotiertes Geldgeschenk wurde zur Basis einer nach ihr benannten Stiftung zur Frauenförderung. Die Einführung des Frauenwahlrechtes nach dem Ersten Weltkrieg ermöglichte es ihr, 1919 als Vertreterin der Deutschen Demokratischen Partei (DDP) in die Bürgerschaft gewählt zu werden (bis 1921). 1920 ging sie mit Gertrud Bäumer nach Berlin zurück. In der Folge wurde die gesundheitlich angeschlagene und nun kaum mehr aktive Helene Lange, die zu einer berühmten Vorkämpferin der Frauenrechte geworden war, mit zahlreichen Ehrungen bedacht. In Hamburg sind das Helene-Lange- Gymnasium in Harvestehude und die Helene-Lange-Straße nach ihr benannt.

Alfred Lichtwark

*** 14.11.1852 in Hamburg | † 13.1.1914 ebenda**
Kunsthistoriker, Kunstpädagoge, erster Direktor der Kunsthalle

Aufgewachsen in Reitbrook in den Hamburger Marschlanden als Sohn eines Landwirts und Mühlenbesitzers, zog der spätere Pionier der Kunsterziehungsbewegung und Begründer der Museumspädagogik als Jugendlicher mit seiner Familie zunächst nach Allermöhe und dann nach St. Pauli. Zuvor hatte der Vater sein Vermögen verloren. Nach Absolvierung einer Armenschule arbeitete Lichtwark als Hilfslehrer bzw. Lehrer. Er ging auch zu Vorlesungen von Justus Brinckmann, der zu seinem Förderer wurde. Auf dessen Rat studierte Lichtwark, der sein Abitur 1873 am Altonaer Christianeum nachgeholt hatte, in Leipzig Kunstgeschichte. Parallel dazu wurde er 1881 am Berliner Kunstgewerbemuseum unter Julius Lessing als Assistent beschäftigt, später als Bibliothekar. Auch veröffentlichte Lichtwark Kunstkritiken. 1885 folgte die Promotion in Leipzig. Im Folgejahr erhielt er den Ruf auf die Stelle als erster Direktor der Hamburger Kunsthalle, die seit ihrer Eröffnung 1869 provisorisch verwaltet worden war. Lichtwark verstand seine Arbeit als bewusst an die breite Öffentlichkeit gerichtet. Er zählte zu den Pionieren der Kunsterziehungsbewegung, die im Rahmen allgemeiner Bildungsreformbewegungen der Zeit um und nach 1900 eine weitreichende gesellschaftliche Rolle spielte. Die Sammlungen der Kunsthalle erweiterte Lichtwark in vielfältiger Weise, nicht zuletzt um moderne französische Malerei. Auch zeichnete ihn eine rege publizistische Tätigkeit aus. Alfred Lichtwark blieb bis zu seinem Tod kurz vor Ausbruch des Ersten Weltkriegs im Amt. Anlässlich seiner Beisetzung hielt der Maler Max Liebermann die Trauerrede. Lichtwarks Asche wurde auf dem Ohlsdorfer Friedhof im Bereich des Althamburgischen Gedächtnisfriedhofes bestattet, das Grabmal von Fritz Schumacher gestaltet. In Eppendorf wurde eine Straße nach Lichtwark benannt. 1914 wurde im Stadtteil Winterhude die Lichtwark-Schule – so ihr Name ab 1920 – gegründet, die sich seinen reformpädagogischen Ansätzen verpflichtet sah. Sie wurde unter der nationalsozialistischen Diktatur aufgelöst, gegenwärtig befindet sich die Heinrich-Hertz-Schule in dem Gebäude.

Albert Ballin

*** 15.8.1857 in Hamburg | † 9.11.1918 ebenda**
Reeder

Der spätere Generaldirektor der Hamburg-Amerika-Linie (HAPAG) wurde als jüngstes von acht Kindern einer jüdischen Familie geboren. Sein Vater besaß eine Auswanderer-Agentur. Nachdem der Vater gestorben war, ging Albert Ballin mit 17 Jahren ins Geschäft und wurde im Alter von 22 Jahren zum Teilhaber. Die Organisation der Auswanderung über England nach Nordamerika erwies sich als sehr profitabel, nicht zuletzt durch die billige Massenbeförderung auf Zwischendecks. 1883 heiratete er Marianne Rauert, eine Tuchhändlertochter aus Hamburg. 1886 wurde Ballin Leiter der Passageabteilung der HAPAG und erwarb sich rasch Anerkennung. Er führte unter anderem eine turnusmäßige Schnelldampferlinie nach Amerika ein. 1888 wurde er in den Vorstand berufen und elf Jahre später zum Generaldirektor der HAPAG ernannt. In der Folge wurde die Reederei zur bedeutendsten Schifffahrtslinie weltweit. Ballin führte 1891 von Cuxhaven aus die erste Kreuzfahrt der Geschichte durch. Die Auswanderung blieb ein Hauptgeschäftszweig, 1901 entstanden in Hamburg-Veddel die bis heute erhaltenen (jetzt als Ausstellungsgebäude genutzten) Auswandererhallen. Auch setzte er sich für die Bildung von Kartellen ein, beispielsweise 1902 mit dem Bremer Lloyd und dem Morgan-Trust. Albert Ballin, der zu den wichtigsten jüdischen Persönlichkeiten im Kaiserreich zählte, erwarb sich das Vertrauen von Kaiser Wilhelm II. und beriet ihn in einschlägigen Fragen. Außerdem engagierte er sich für ein deutsch-britisches Flottenabkommen. Der Erste Weltkrieg brachte für Ballin daher nicht nur wirtschaftliche, sondern auch politische Enttäuschungen. Er setzte sich für einen Separatfrieden mit Großbritannien ein. Anfang November 1918 wurde er als deutscher Vertreter für Friedensverhandlungen benannt. Albert Ballin starb an einer Überdosis Schlafmittel mit folgender Magenblutung und Magendurchbruch – es bleibt unklar, ob es sich um Freitod handelte. Albert Ballin wurde auf dem Ohlsdorfer Friedhof bestattet. Der frühere Alsterdamm an der Binnenalster wurde ebenso nach ihm benannt wie eine Kaianlage im Altenwerder Containerhafen.

1857—1901
HEINRICH
KÖLLISCH

Hein Köllisch

(eigentlich Heinrich Köllisch)

*** 19.9.1857 in Hamburg | † 18.4.1901 in Rom**
Volksdichter und -sänger

Nach einer Lehre als Schlosser und einer Zeit als Wandergeselle übernahm der in St. Pauli aufgewachsene Köllisch nach dem Tod seines Vaters dessen Schuhcreme-Manufaktur. Er heiratete mit Marie Meyer die Tochter eines königlichen Musikmeisters. Bereits im privaten Umfeld von Kneipen mit humoristischer Unterhaltung bekannt geworden, hatte er 1892 ein erstes festes Engagement am Spielbudenplatz in St. Pauli. Sein Repertoire bestand aus plattdeutschen Liedern, Parodien und so genannten Couplets (satirischen Kehrreimliedern). 1894 erwarb er ein eigenes Etablissement am Spielbudenplatz, der damals ein Zentrum populärer Unterhaltungskultur war, und nannte es »Köllisch's Universum«. Auftretend in Frack und Zylinder, wurde er mit der Aufführung eigener Werke, die er mit populären Melodien vertonte, zu einem der bekanntesten Hamburger Volkskünstler. Sein Gesamtwerk umfasst über 150 Couplets und Lieder in Platt- und Hochdeutsch, die teils in hohen Auflagen gedruckt und vetrieben wurden. Hein Köllisch schrieb auch Theaterstücke und war als Schauspieler beliebt. Seine Popularität reichte weit über seinen frühen Tod hinaus, der ihn auf Grund einer Lungenentzündung im Alter von 43 Jahren während einer Erholungsreise ereilte. Nach seinem Tod wurde er in seinem Vergnügungsetablissement aufgebahrt, zahlreiche Menschen erwiesen ihm dort die letzte Ehre. Hein Köllisch wurde nach einem langen Trauerzug durch Hamburg auf dem Ohlsdorfer Friedhof bestattet, das Grabmal zeigt ihn in seiner Auftrittsuniform. In St. Pauli wurde im Jahr 1949 der frühere, zwischen Langer Straße und Silbersacktwiete gelegene Paulsplatz, wo er aufgewachsen war, nach ihm benannt. Sein »Universum« auf St. Pauli wurde später als »Köllisch's Lachbühne« weiterbetrieben.

Bernhard Nocht

*** 4.11.1857 in Landeshut (heute Kamienna Góra, Niederschlesien, Polen)**
† 5.6.1945 in Wiesbaden (Freitod)
Tropenmediziner, Hafenarzt

Der langjährige Leiter des später nach ihm benannten Instituts für Schiffs- und Tropenkrankheiten oberhalb der St.-Pauli-Landungsbrücken studierte Medizin in Berlin. 1881 promovierte er, nachdem er ein Jahr an der Berliner Charité tätig gewesen war, und wirkte als Assistenzarzt in der Marine. Ab 1887 arbeitete Nocht unter dem Mediziner, Hygieniker und späteren Nobelpreisträger Robert Koch am kaiserlichen Gesundheitsamt in Berlin, unter anderem auf dem Gebiet der Bakteriologie. Die Choleraepidemie 1892 in Hamburg brachte ihn als Vertreter Kochs in die Hansestadt, wo ihm seine Kenntnisse ab 1893 die neue Stelle eines Hafenarztes verschafften. Vorläufiger Höhepunkt seines auch für andere Hafenstädte vorbildlichen Wirkens auf hafen- und schiffshygienischem Gebiet wurde 1900 die Gründung des Instituts für Schiffs- und Tropenkrankheiten, das nicht zuletzt den kolonialen Interessen des Deutschen Reiches diente. Das heute noch bestehende, von Fritz Schumacher entworfene Gebäude wurde 1914 eingeweiht. In der Zeit vor und teilweise während des Ersten Weltkriegs war Nocht im Ausland tätig, unter anderem in Deutsch-Ostafrika. Nach Gründung der Hamburger Universität (1919) erhielt Nocht dort eine Professur für Tropenmedizin, er wirkte 1926/27 auch als Rektor der Universität. Zugleich war er als angesehener Wissenschaftler mit internationalen Kontakten in medizinischen und hygienischen Fragen vielfältig für den Völkerbund tätig. Nach seiner Emeritierung und Abgabe des Direktorenpostens am Institut 1930 zog er mit seiner Frau 1937 nach Wiesbaden. Nach Ende der NS-Diktatur nahmen sich Nocht, der 1933 das »Bekenntnis der deutschen Professoren zu Adolf Hitler« mit vertreten hatte, und seine Frau das Leben. Bernhard Nocht wurde auf dem Friedhof Nienstedten beigesetzt und nach Ablauf der Ruhefrist auf den Ohlsdorfer Friedhof überführt. In St. Pauli erinnert – neben dem Institut selbst – die dort vorbeiführende Straße an ihn.

Aby Warburg

*** 13.6.1866 in Hamburg | † 26.10.1929 ebenda**
Kunsthistoriker und Kulturwissenschaftler

Der Begründer der Ikonologie – einer Teildisziplin der Kunstwissenschaft – wurde als ältestes von sieben Kindern des jüdischen Hamburger Bankiers Moritz M. Warburg und seiner Ehefrau Charlotte (geb. Oppenheim) geboren. Gegen den Willen seiner Familie setzte er seinen Wunsch nach einem Studium der Kunstgeschichte durch. Nach seinem Abitur am Johanneum studierte Warburg ab 1886 demgemäß Kunstgeschichte, Geschichte, Archäologie und Philosophie an den Universitäten Bonn, München und Straßburg. Das Studium schloss er mit einer kunsthistorischen Dissertation über Botticelli ab. Nach Aufenthalten unter anderem in Florenz und den USA, wo er indianische Kulturen erforschte, ließ er sich mit seiner Frau, der Malerin und Bildhauerin Mary Hertz, ab 1897 in Florenz nieder und arbeitete dort über Renaissancekünstler. Ab 1904 lebte er in Hamburg, zählte zu den Mitgründern der Hamburgischen Wissenschaftlichen Stiftung und wirkte für die Gründung einer Universität in der Hansestadt. Nachdem er bereits 1912 vom Hamburger Senat den Professorentitel erhalten hatte, wurde er nach der 1919 erfolgten Universitätsgründung im Jahr 1921 dort zum Honorarprofessor der Philosophischen Fakultät ernannt und unterrichtete später am Kunsthistorischen Seminar. Nach Ende des Ersten Weltkriegs musste er jedoch wegen einer psychischen Erkrankung mehrere Jahre in Heilanstalten verleben. Warburgs berühmte Büchersammlung entstand in seiner Villa in der Heilwigstraße, bevor auf dem benachbarten Grundstück in einem neu errichteten Gebäude die 1926 eingeweihte »Kulturwissenschaftliche Bibliothek Warburg« eingeweiht wurde. Aby Warburg starb durch einen Herzinfarkt und wurde auf dem Ohlsdorfer Friedhof bestattet. Das heute von der Universität genutzte Gebäude wurde zu einem intellektuellen Zentrum. Die wertvolle Büchersammlung konnte vor der Zerstörung durch Nationalsozialisten nur durch Verbringung nach London bewahrt werden, wo sie 1944 an die dortige Universität kam. Warburgs wichtigstes Forschungsinteresse richtete sich auf die Nachwirkungen der Antike. Berühmt wurde in diesem Zusammenhang sein Fragment gebliebener Bilderatlas »Mnemosyne«. Nach ihm ist ein bedeutender Wissenschaftspreis der Stadt Hamburg sowie eine Straße im Universitätsstadtteil Rotherbaum benannt.

Bertha Keyser

*** 24.6.1868 in Maroldsweisach (Unterfranken) | † 21.12.1964 in Hamburg**
Begründerin eines Missionswerkes, »Engel von St. Pauli«

Nach einer Bäckerlehre durchlief Bertha Keyser unterschiedliche Stationen im Ausland: So arbeitete sie als Kindermädchen in Großbritannien, als Reisebegleiterin, Kammerzofe, Gefängniswärterin und Erzieherin in verschiedenen Ländern, auch in Übersee. Enttäuscht von den wohlhabenden Schichten, wandte sie sich den Armen und Stigmatisierten zu. In einem gläubigen Elternhaus aufgewachsen, pflegte sie spezielle Vorstellungen von christlicher Nächstenliebe und geriet dadurch mit den strengen Reglements sozialfürsorgerischer Institutionen immer wieder in Konflikt. Kurz vor dem Ersten Weltkrieg zog sie nach Hamburg und arbeitete zunächst bei der Strandmission. 1914 gründete Bertha Keyser ein Missionswerk am Alten Steinweg und 1927 ein Heim für obdachlose Frauen. Das Geld sammelte sie über Spenden ein. Die Einrichtung von Feldküchen zur Speisung von Armen, die Betreuung von Kranken, Gefängnisinsassen und Prostituierten sowie Straßengottesdienste zählten zu ihrem alltäglichen Engagement in den 1920er Jahren. Dies machte sie zum »Engel von St. Pauli«. Auf Grund der Beschwerden von Nachbarn musste sie sich oft neue Unterkünfte suchen. Dennoch setzte sie auch nach dem Zweiten Weltkrieg ihr sozialfürsorgerisches, von starker Gläubigkeit geprägtes Engagement bis zu ihrem Tod im hohen Alter von 96 Jahren fort und versorgte Bedürftige mit Mahlzeiten und Bekleidung. Dies geschah zuletzt von einer Ladenwohnung im Bäckerbreitergang im Stadtteil Neustadt aus. Bertha Keysers Bestattung auf dem Ohlsdorfer Friedhof wurde von mehreren Hundert Menschen begleitet, der Grabstein wurde durch eine Spendensammlung finanziert. Dieser Stein wurde später in den dortigen Bereich des »Gartens der Frauen« versetzt. In St. Pauli erinnert der Bertha-Keyser-Weg an die Wohltäterin, in der Krypta der St.-Michaelis-Kirche hängt ein Porträt von ihr.

Fritz Schumacher

(eigentlich Friedrich Wilhelm Schumacher)

*** 4.11.1869 in Bremen | † 5.11.1947 in Hamburg**
Architekt, Stadt- und Raumplaner, Oberbaudirektor

Schumacher entstammt einer angesehenen Bremer Familie. Nachdem er das Alte Gymnasium in Bremen absolviert hatte, studierte er von 1889 bis 1896 an der Technischen Hochschule München Mathematik, Naturwissenschaften und Architektur. Von 1896 bis 1901 arbeitete er im Stadtbauamt Leipzig, von 1901 bis 1909 wirkte er als Professor an der Technischen Hochschule Dresden. Zusammen mit Hermann Muthesius, Henry van de Velde und anderen rief er 1907 den Deutschen Werkbund als fachübergreifende Reformvereinigung im Bereich Architektur und Gestaltung ins Leben. Zugleich entwarf er erste Bauten: private Villen sowie die Handelshochschule in Leipzig und das 1911 eingeweihte Dresdener Krematorium. Am 1. September 1909 ging Schumacher als Baudirektor beziehungsweise Leiter des staatlichen Hochbauwesens nach Hamburg. Wie kein anderer Architekt hat er mit seinen modernen öffentlichen Bauten das Stadtbild geprägt, insbesondere durch den gezielten einheitlichen Einsatz von Backstein und Klinker. In seinen ersten Hamburger Jahren entstanden Bauten wie das Tropeninstitut, das Johanneum und das Museum für Hamburgische Geschichte. Auch beschäftigte sich Fritz Schumacher frühzeitig mit Fragen der grenzübergreifenden Raumplanung. In der Zeit um den Ersten Weltkrieg entstand sein so genanntes Achsenkonzept, das bis heute nachwirkt. Schumacher plante, gewerblich-industrielle und bevölkerungsmäßige Verdichtungen entlang weit ins Hamburger Umland reichender Entwicklungsachsen zu konzentrieren und die Achsenzwischenräume frei zu halten. Auf Grund seiner planerischen Kompetenzen wurde er vom damaligen Oberbürgermeister Konrad Adenauer von 1920 bis 1923 nach Köln berufen, um dort die Stadtentwicklung zu begleiten. Bei seiner Rückkehr nach Hamburg wurde er zum Oberbaudirektor ernannt. Am 3. Mai 1933 wurde der politisch als liberal geltende Schumacher von den Nationalsozialisten aus dem Amt entlassen und wandte sich publizistischer Tätigkeit zu. Fritz Schumachers Grabstätte befindet sich auf dem Ohlsdorfer Friedhof im Bereich des Althamburgischen Gedächtnisfriedhofes, neben dem von ihm entworfenen Grabmal für Alfred Lichtwark. In Hamburg erinnern die Fritz-Schumacher-Siedlung und -Allee im Stadtteil Langenhorn an ihn.

Ida Dehmel

*** 14.1.1870 in Bingen (Rhein) | † 29.9.1942 in Hamburg (Freitod)**
Frauenrechtlerin, Literatur- und Kunstförderin

Als Ida Coblenz in eine jüdischen Weinhändlerfamilie geboren, heiratete sie auf väterlichen Wunsch 1895 den Berliner Kaufmann Leopold Auerbach. Die ungeliebte Ehe ermöglichte Ida Dehmel immerhin die Pflege ihrer literarischen und künstlerischen Neigungen und das Führen eines bekannten Salons in Berlin. Sie verkehrte unter anderem mit dem Maler Edvard Munch und inspirierte den Dichter Richard Dehmel. Mit Letzterem verband sie eine offen gelebte Liebesbeziehung. Nachdem beide die Scheidung eingereicht hatten, heirateten sie 1901 und zogen ins damals preußische Blankenese. Nun entwickelte sich ihr Interesse für gesellschaftspolitische Probleme, vor allem die Stellung der Frau. Ida Dehmel zählte 1906 zu den Mitgründerinnen des Frauenclubs Hamburg. Während des Ersten Weltkriegs engagierte sie sich vielfältig auf karitative Weise, zugleich betrieb sie erfolgreich die 1916 vollzogene Vereinigung der bis dato zwei Vereinigungen für das Frauenstimmrecht. Ihr Mann Richard starb 1920 an den Folgen einer Krankheit, die er sich im Krieg zugezogen hatte. Anschließend widmete sich Ida Dehmel der Pflege seines literarischen Nachlasses und engagierte sich politisch in der bürgerlichen Rechten. 1921 begründete sie die Dehmel-Gesellschaft und Dehmel-Stiftung. Auch im Bereich der Kunst blieb sie aktiv: Sie war maßgeblich 1925 an der Gründung des Bundes Hamburgischer Künstlerinnen und Kunstfreundinnen und kurz darauf – unter anderem mit Anita Rée – an der Gründung der GEDOK (Gemeinschaft deutscher und österreichischer Künstlerinnen und Kunstfreundinnen aller Kunstgattungen) beteiligt. 1933 musste sie wegen ihrer jüdischen Herkunft alle Ämter niederlegen. Von den Nationalsozialisten fühlte sie sich zunehmend bedroht und angegriffen, gesellschaftlich wurde sie isoliert. Als sich die Situation für die Hamburger Juden Anfang der 1940er Jahre dramatisch zuspitzte, nahm sich die auch gesundheitlich stark beeinträchtigte Ida Dehmel das Leben. Ihre Aschenreste werden zusammen mit denen ihres Mannes in einer Doppelurne in der Villa in Blankenese aufbewahrt. Die GEDOK verleiht alle drei Jahre einen nach Ida Dehmel benannten Preis.

Alma Wartenberg

*** 22.12.1871 in Ottensen (heute Hamburg) | † 25.12.1928 in Altona (heute Hamburg)**
Politikerin, Frauenrechtlerin

Geboren als Alma Stähr in eine sozialdemokratisch orientierte Zigarrenmacherfamilie, war sie nach ihrer Schulzeit bis zur Ehe mit dem Schlosser Ferdinand Wartenberg zunächst als Dienstmädchen tätig. Anschließend engagierte sie sich in der proletarischen Frauenbewegung, nachdem bereits ihre Mutter in Frauenbildungsorganisationen aktiv gewesen war. In ihrer Funktion als sozialdemokratische Vertrauensfrau für den damals preußischen Wahlkreis Ottensen/Pinneberg beteiligte sich Alma Wartenberg in den ersten Jahren des 20. Jahrhunderts an Frauenkonferenzen, warb auf Vortragstouren und nahm an Parteitagen teil. Sozialpolitisch setzte sie sich für sexuelle Aufklärung, Geburtenkontrolle beziehungsweise Empfängnisverhütung und Mutterschutz ein. In diesem Zusammenhang verkaufte sie auch damals noch verbotene Verhütungsmittel. Mit diesen Themen und Aktionen, die als bahnbrechend fortschrittlich galten und die sie auf zahlreichen Vorträgen vertrat, erreichte sie ein großes Publikum. Alma Wartenberg engagierte sich für die Interessen von Arbeiterfrauen, um deren Aufklärung in sozialen, medizinisch-gesundheitlichen und rechtlichen Fragen sie sich bemühte. Zugleich wandte sie sich damit gegen die verkrusteten autoritären Strukturen der wilhelminischen Gesellschaft kurz vor dem Ersten Weltkrieg. Von konservativ-kirchlicher Seite, aber auch von ärztlichen Standesvertretern, wurde ihr Engagement als »unsittlich« verstanden. Aber auch innerhalb der Sozialdemokratie waren ihre radikalen Positionen umstritten. Prominente Parteivertreter wie Rosa Luxemburg, Luise Zietz und Wilhelm Liebknecht lehnten beispielsweise ihre Initiative zum »Gebärstreik« ab. Nachdem sich Alma Wartenberg während des Ersten Weltkriegs – in dem ihr ältester Sohn fiel – sozialfürsorgerisch betätigt hatte, wurde sie Anfang 1919 für die SPD in das Altonaer Stadtverordnetenkollegium und 1925 als einzige Frau in den Schleswig-Holsteinischen Provinziallandtag gewählt. 1927 erlitt sie einen Schlaganfall und musste ihre Aktivitäten aufgeben. Alma Wartenberg wurde auf dem Hauptfriedhof Altona bestattet. In Ottensen ist ein Platz nach ihr benannt.

OHNSORG
THEATER
ALWIN GÄRTNER
BÜRO-EINRICHTUNGEN
HH-AD 1

Richard Ohnsorg

*** 3.5.1876 in Hamburg | † 11.5.1947 ebenda**
Theaterleiter, Schauspieler

Ohnsorg, bekannt geworden durch die Gründung der später nach ihm benannten niederdeutschen Sprechbühne (ab 1945 Richard-Ohnsorg-Theater, später Ohnsorg-Theater), wurde im Stadtteil St. Georg geboren. In Marburg, Berlin und Rostock studierte er Germanistik, Philologie und Philosophie. Ohnsorg promovierte 1900 in Rostock über englische Theaterkunst und arbeitete seit 1901 als Bibliothekar bei den Hamburger Öffentlichen Bücherhallen. In derselben Zeit initiierte er die Gründung der »Dramatischen Gesellschaft Hamburg« (1906 umbenannt in: Gesellschaft für Dramatische Kunst, ab 1920: Niederdeutsche Bühne e. V.). 1909 wurde erstmals mit Fritz Stavenhagens »Der Lotse« ein rein plattdeutsches Stück aufgeführt. Im Folgejahr übernahm Richard Ohnsorg die künstlerische Leitung der Gesellschaft. Nunmehr wurde es zum grundsätzlichen Ziel, auf anspruchsvolle Weise und neben den klassischen hochdeutschen Bühnen niederdeutsche Stücke mit Laiendarstellern aufzuführen. Nachdem sie zuvor an wechselnden Orten gespielt hatte, erhielt die Niederdeutsche Bühne ab 1936 eine feste, langjährige Spielstätte an den Großen Bleichen. Ohnsorg gelang es immer wieder, viele Schauspieler auf Dauer für eine Zusammenarbeit zu halten. Richard Ohnsorg, der auch beim Hörfunk als Regisseur und Sprecher arbeitete, wurde auf dem Ohlsdorfer Friedhof bestattet. Die Niederdeutsche Bühne wurde nach dem Zweiten Weltkrieg in Richard-Ohnsorg-Theater umbenannt. Später wurde daraus die Bezeichnung Ohnsorg-Theater, das nicht zuletzt durch zahlreiche Fernsehaufzeichnungen und Schauspieler wie Heidi Kabel und Henry Vahl deutschlandweit populär wurde. Spielstätte ist seit 2011 das Bieberhaus am Hauptbahnhof (heutiger Heidi-Kabel-Platz). In der Zeit zwischen 1963 und 1983 wurde von der Hamburger Alfred-Toepfer-Stiftung F. V. S. der Richard-Ohnsorg-Preis für Bühnenkunst verliehen.

Gustav Oelsner

*** 23.2.1879 in Posen (heute Poznań, Polen) | † 26.4.1956 in Hamburg**
Architekt, Stadtplaner

Oelsner hat als Vertreter des sogenannten Neuen Bauens mit seinem reformorientierten Klinkerstil wie kein anderer das Stadtbild des damals noch selbstständigen Altona im frühen 20. Jahrhundert geprägt. Er war das Altonaer Pendant zu seinem in Hamburg tätigen Kollegen und Freund Fritz Schumacher. Sein Studium an der Technischen Hochschule Charlottenburg (heute zu Berlin) beendete Oelsner 1900, anschließend wirkte er am Bau des Berliner Bode-Museums mit. 1904 ging er ans Hochbauamt nach Breslau (heute Wrocław) und 1911 als Stadtbaurat nach Kattowitz (Katowice). Auf beiden Stationen lernte er bedeutende Architekten wie Hans Poelzig und Bruno Taut kennen. Nach Altona kam er 1923, um zunächst für die preußische Regierung unter Leitung von Joseph Brix einen Generalbebauungsplan für die Hamburg-Randstädte Altona, Wandsbek und Harburg/Wilhelmsburg zu erstellen. Daraus resultierte ein Generalsiedlungsplan für Altona. Unter dem sozialdemokratischen Bürgermeister Max Brauer wurde Oelsner 1924 zum Altonaer Bausenator gewählt, später wirkte er als Stadtbaurat. Seine Herausforderung bestand darin, im industrialisierten Altona sozial und hygienisch angemessene Wohn- und Lebensverhältnisse zu schaffen sowie proletarische Elendsviertel durch Grünzüge aufzulockern und zu wohnlichen Siedlungen aufzuwerten. So entstanden mehrere Grüngürtel in Altona, auch wurde die öffentliche Zugänglichkeit des zuvor durch private Parks geprägten Elbhangs realisiert. Neben seinen sozialreformerisch ausgerichteten Wohnsiedlungen entwarf Oelsner auch öffentliche Gebäude, unter anderem das Arbeitsamt Kieler Straße (1926/27), die Pestalozzi-Schule (1927) und das Berufsschulzentrum »Haus der Jugend« (1928–1930, heute Altonaer Theater). Letztlich wurde Altona unter Stadtbaurat Oelsner zu einem Musterbeispiel modernen Wohnens. Von den Nationalsozialisten 1933 entlassen, emigrierte er 1939 in die Türkei, wo er in Ankara für die Regierung als Experte für Stadtplanung tätig war und in Istanbul als Professor an der Technischen Universität (deren Ehrendoktorwürde er 1955 erhielt). Gustav Oelsner wurde auf dem Ohlsdorfer Friedhof bestattet, im Stadtteil Osdorf ist der Oelsnerring nach ihm benannt.

Agathe Lasch

*** 4.7.1879 in Berlin | † nach dem 12.8.1942 in Riga**
Germanistin, erste Professorin der Universität Hamburg

Die Pionierin bei der Erforschung der mittelniederdeutschen Sprache wuchs in einer jüdischen Familie auf. Sie absolvierte die höhere Mädchenschule und ließ sich anschließend zunächst zur Lehrerin ausbilden – eine Tätigkeit, die sie einige Jahre ausübte. Trotz aller Widrigkeiten, die weiblichen akademischen Karrieren damals im Weg standen, erwarb sie nebenbei als Externe das Abitur und studierte Germanistik in Halle/Saale und Heidelberg. 1909 promovierte sie und bestand im Folgejahr auch das Staatsexamen für höheres Lehramt. Trotz ihrer offensichtlichen Begabung erhielt sie als jüdische Frau in Deutschland keine Anstellung. Aber ihre wissenschaftliche Reputation verschaffte ihr 1910 eine Berufung an das Frauencollege in Bryn Mawr (USA). Dort entstand ihr Grundlagenwerk über »Mittelniederdeutsche Grammatik«. Während des Ersten Weltkriegs nach Deutschland zurückgekehrt, arbeitete sie in Hamburg zunächst am Deutschen Seminar des Kolonialinstituts, dem Vorläufer der Universität. An die dann 1919 gegründete Hamburger Universität wurde sie übernommen und habilitierte sich noch im selben Jahr. 1923 erhielt sie den Professorentitel. Sie war nicht nur die erste Professorin der Universität Hamburg, sondern auch die erste des Faches Germanistik in Deutschland. Ihre Arbeits- und Forschungsschwerpunkte lagen auf dem »Mittelniederdeutschen Handwörterbuch«, dem »Hamburgischen Wörterbuch« sowie der Berliner Sprachgeschichte. Erst 1926 erhielt sie an der Hamburger Universität mit dem neu eingerichteten Lehrstuhl für Niederdeutsche Philologie auch eine besoldete Stelle. Nach einer auf Grund der Intervention von Kollegen nur kurzzeitig verzögerten Entlassung durch die Nationalsozialisten wegen ihrer jüdischen Abstammung zog sie 1937 zu ihren Schwestern nach Berlin. Sie wurde mit einem Publikationsverbot belegt, die Pension wurde ihr entzogen, ihre Bibliothek konfisziert. Mit zwei ihrer Schwestern wurde sie am 12. August 1942 Richtung Riga deportiert. Auf dem Weg dorthin verstarb sie im Zug, das genaue Todesdatum ist unbekannt. In Othmarschen ist ein Weg nach ihr benannt, im »Garten der Frauen« auf dem Ohlsdorfer Friedhof gibt es einen Erinnerungsstein. Die Universität hat einen Hörsaal nach ihr benannt.

S.M.S. WIESBADEN

Gorch Fock

(eigentlich Johann Wilhelm Kinau)

***22.8.1880 in Finkenwerder | † gefallen 31.5.1916 im Skagerrak**
Schriftsteller

Geboren in eine Hochseefischefamilie, machte Johann Kinau zunächst eine kaufmännische Ausbildung und ging zur Handelsschule. Zwischen 1899 und 1904 war er als Buchhalter und Kontorist an unterschiedlichen deutschen Orten tätig, darunter Geestemünde (heute Bremerhaven). 1904 kam er wieder nach Hamburg und arbeitete ab 1907 als Buchhalter bei der Reederei Hamburg-Amerika-Linie. 1906 gründete Gorck Fock gemeinsam mit Heinrich Wriede die Folklore-Gruppe »Finkwarder Speeldeel« und fand Zugang zur niederdeutschen Kulturvereinigung »Quickborn«. In diesen Jahren schrieb Kinau niederdeutsche volkstümliche Prosa, Lyrik und Theaterstücke für Hamburger Zeitungen, die teilweise unter dem Pseudonym Gorch Fock erschienen. Anfang 1908 heiratete er Rosa Elisabeth Reich, aus der Ehe gingen drei Kinder hervor. Nach dem Erfolg seines Theaterstücks »Doggerbank«, das 1912 im Altonaer Schillertheater aufgeführt wurde, erschien 1913 mit dem Hochseefischerroman »Seefahrt ist Not!« sein größter Erfolg. Gorch Fock fiel als Marinesoldat im Ersten Weltkrieg in der Seeschlacht am Skagerrak. Die heroisch-verherrlichende Gestaltung des Kampfes mit dem Meer und nordisch-nationalistisch geprägte Heimatbezogenheit machten den Autor und seinen letztgenannten Roman später populär. Dies gilt insbesondere für die Zeit der nationalsozialistischen Diktatur, in deren Ideologie sich Gorch Focks Werke gut einpassen ließen. Nach dem Schriftsteller wurden zahlreiche Schiffe benannt, darunter zwei Segelschulschiffe der deutschen Marine. In Hamburg bzw. Finkenwerder erinnern Straßen und Plätze sowie ein Park an ihn, in Finkenwerder darüber hinaus ein Museum in seinem Elternhaus sowie eine Veranstaltungshalle. Gorch Fock wurde auf einem Soldatenfriedhof auf der schwedischen Insel Stensholmen bestattet. Am Familiengrabstein auf dem Alten Friedhof Finkenwerder erinnert eine Inschrift an den Schriftsteller.

Joseph Carlebach

***30.1.1883 in Lübeck | † ermordet 26.3.1942 im Wald von Biķernieki bei Riga**
Rabbiner, Pädagoge, Schriftsteller

Carlebach wurde in eine Rabbinerfamilie geboren und ging auf das Lübecker Katherineum. Nach dem 1901 bestandenen Abitur studierte er in Berlin Mathematik und Naturwissenschaften. Nachdem er 1905 sein Oberlehrerexamen in Naturwissenschaften absolviert hatte, ging er zunächst für zwei Jahre an das jüdische Lehrerseminar nach Jerusalem und kam dort mit Tora-Experten in Kontakt. Ab 1907 arbeitete er an seiner Dissertation über einen jüdischen Mathematiker und wurde 1909 in Heidelberg promoviert. Sodann ließ sich Carlebach am Berliner Rabbinerseminar ausbilden und wurde 1914 ordiniert. Während des Ersten Weltkriegs, in den er als Freiwilliger zog, wurde er unter anderem mit pädagogischen Aufgaben betraut. Zusammen mit lokalen Talmud-Gelehrten gründete er das Jüdische Gymnasium in Kowno (Kaunus, Litauen), das er bis 1919 leitete. Nach einem kurzen Intermezzo in Lübeck als Gemeinderabbiner ging er 1921 als Leiter an die Talmud-Tora-Realschule in Hamburg. Er reformierte das Unterrichtswesen und machte die Schule zu einer der führenden Institutionen auf ihrem Gebiet in Deutschland. Anschließend übernahm er 1926 das Amt eines Oberrabbiners im damals preußischen Altona und übte damit die Aufsicht über die jüdischen Gemeinden in Schleswig-Holstein aus. Zugleich widmete er sich verstärkt publizistischer Tätigkeit. 1936 wurde Carlebach als Oberrabiner der Deutsch-Israelitischen Gemeinde an die Hamburger Bornplatz-Synagoge im Grindelviertel berufen. Auch nach der im Zuge des Groß-Hamburg-Gesetzes von 1937 beschlossenen Zusammenlegung der jüdischen Gemeinden blieb er in diesem Amt. Gegenüber der zunehmenden Bedrohung durch die nationalsozialistische Diktatur unterstützte er die in Hamburg verbliebenen Juden nach Möglichkeit. Im Dezember 1941 wurde er mit seiner Frau und vier seiner Kinder ins Konzentrationslager Jungfernhof bei Riga deportiert und wenige Monate später in einem nahen Wald erschossen. An Joseph Carlebach erinnern in Hamburg ein nach ihm benannter Platz auf dem früheren Standort der Bornplatz-Synagoge und die benachbarte Talmud-Tora-Schule im Universitätsviertel sowie eine Straße in Altona. Das Carlebachsche Familiengrab liegt auf dem Jüdischen Friedhof in Lübeck-Moisling.

Joachim Ringelnatz

(eigentlich Hans Gustav Bötticher)

*** 7.8.1883 in Wurzen (bei Leipzig) | † 17.11.1934 in Berlin**
Schriftsteller, Maler, Kabarettist

Aufgewachsen in einem künstlerisch-kreativen Elternhaus zog Ringelnatz schon in frühen Jahren mit seinen Eltern vom Geburtsort ins nahe Leipzig. Nachdem er vom Gymnasium wegen unbotmäßigen Verhaltens verwiesen worden war und 1901 eine private Realschule mit der Obersekunda-Reife erfolgreich absolviert hatte, fuhr er von Hamburg aus zur See. Auch die folgenden Fahrten nach Süd- und Nordamerika führten ihn zwischenzeitlich immer wieder nach Hamburg. Zahlreiche unterschiedliche Tätigkeiten wechselten sich ab, bevor er 1904 in Kiel den einjährigen Militärdienst absolvierte. Anschließend nahm er in Hamburg eine Kaufmannslehre auf. Ringelnatz blieb bis 1907 in Hamburg, schrieb Gedichte für Zeitschriften wie »Kladderadatsch« und fertigte Ölgemälde an. Zur Wende in seinem Leben wurde das Jahr 1909, als er erstmals in der Münchener Künstlerkneipe »Simplicissimus« in Schwabing auftrat und dadurch an Renommee gewann. Gleichzeitig publizierte Ringelnatz humoristische Texte, Kinderbücher und eine Novelle – teils unter Pseudonym. Während des Ersten Weltkriegs war er in der Marine, unter anderem stationiert in Wilhelmshaven und im damals zu Hamburg gehörenden Cuxhaven. Seinen Sinn für spezielle Orte dokumentierte er dadurch, dass er gelegentlich an der legendären Grabstätte für einen 1864 angeschwemmten unbekannten Seemann bei Cuxhaven verkehrte und feierte. Nach dem Ersten Weltkrieg kehrte er nach München zurück und heiratete dort 1920 Lona Pieper. Nun benutzte er das Pseudonym Joachim Ringelnatz und erfand die Figur des Kuddel Daddeldu. Sprichwörtlich für Altona bzw. Hamburg wurde sein Gedicht »Die Ameisen« mit den Zeilen »Bei Altona auf der Chaussee/Da taten ihnen die Beine weh ...«. Unter den Nationalsozialisten erhielt er 1933 Auftrittsverbote, seine Bücher wurden großteils beschlagnahmt oder verbrannt. Ringelnatz, dessen Texte nach dem Ende der NS-Diktatur immer wieder aufgeführt wurden, starb verarmt an einer Tuberkuloseerkrankung. Im Stadtteil Othmarschen erinnert die Ringelnatz-Treppe an ihn, in Cuxhaven eine Straße sowie das Ringelnatz-Museum.

RÉE.

Anita Rée

*** 9.2.1885 in Hamburg | † 12.12.1933 in Kampen auf Sylt (Freitod)**
Malerin

Zwar stammte Anita Rée aus einer alteingesessenen jüdischen Bürgerfamilie, wurde aber evangelisch getauft und erzogen. Sie genoss eine großbürgerliche Erziehung und ließ sich ab 1905 für einige Jahre vom Hamburger Maler Arthur Siebelist unterrichten. Anschließend formierte sie eine freie Ateliergemeinschaft mit den Malern Franz Nölken und Friedrich Ahlers-Hestermann, bevor sie sich 1912/13 in Paris bei Fernand Léger weiterbildete. Anita Rée, die gesellschaftlich in gebildeten Kreisen mit bekannten Persönlichkeiten verkehrte und immer wieder Aufträge erhielt, war 1913 in Hamburg in der Galerie Commeter an einer Ausstellung beteiligt. 1919 zählte sie zu den Mitbegründerinnen der Künstlervereinigung Hamburgische Sezession, bald darauf trat sie der Hamburgischen Künstlerschaft bei. Von 1922 bis 1925 lebte sie in Italien, wo sie sich der Kunstrichtung der Neuen Sachlichkeit zuwandte. Nach ihrer Rückkehr nach Hamburg gehörte sie, unter anderen neben Ida Dehmel, zu den Mitbegründerinnen der GEDOK (Gemeinschaft deutscher und österreichischer Künstlerinnen und Kunstfreundinnen aller Kunstgattungen). Vor allem ihre Porträtbilder fanden weite Anerkennung, auch für die Ausstattung von Schulen erhielt sie unter Oberbaudirektor Fritz Schumacher Aufträge. Nach 1930 wurde Anita Rée wegen ihrer jüdischen Herkunft von nationalsozialistischer Seite denunziert, später vernichteten die Nationalsozialisten ihr Wandbild »Die klugen und die törichten Jungfrauen«. 1932 verließ sie Hamburg und ließ sich auf der Insel Sylt nieder. Im April 1933 wurde sie als »artfremdes Mitglied« von der Hamburgischen Künstlerschaft ausgeschlossen. Ende desselben Jahres nahm sich Anita Rée, die zu den bedeutendsten Hamburger Malerinnen des 20. Jahrhunderts zählt, in Kampen auf Sylt das Leben. Durch einen Hausmeister der Hamburger Kunsthalle, der ihre dort vorhandenen Werke 1937 versteckte, konnten diese vor den Nationalsozialisten gerettet werden. Im Bereich des so genannten Althamburgischen Gedächtnisfriedhofes (Ohlsdorfer Friedhof) befindet sich das Grabdenkmal für Anita Rée. Es kam 1995 im Zuge einer Umbettung dorthin, nachdem Anita Rée zunächst auf dem Urnenfriedhof des Alten Hamburger Krematoriums an der Alsterdorfer Straße bestattet worden war. Im Stadtteil Neu-Allermöhe erinnert eine Straße an die Künstlerin, in Kampen auf Sylt sowie an ihrem letzten Hamburger Wohnort in der Fontenay jeweils ein »Stolperstein«.

Ernst Thälmann

*** 16.4.1886 in Hamburg | † 18.8.1944 ermordet im KZ Buchenwald**
Politiker, KPD-Vorsitzender

Mit fünf Jahren vorübergehend wegen einer Zuchthausstrafe der Eltern zu einer Pflegefamilie gekommen, ging Ernst Thälmann bis zum Alter von 14 Jahren zur Volksschule. Weiterer Schulbesuch war ihm finanziell nicht möglich. Er arbeitete daher zunächst im elterlichen Geschäft im Stadtteil Eilbek, anschließend in verschiedenen Tätigkeiten unter anderem im Hafen- und Schifffahrtsmilieu. Bereits als Volksschüler hatte er im Hafen gearbeitet und dabei den Hamburger Hafenarbeiterstreik 1896/97 miterlebt, der ihn nach eigenen Angaben sehr prägte. Thälmann wurde 1903 SPD-Mitglied und im Folgejahr Mitglied bei der Transportarbeiter-Gewerkschaft. Nachdem er 1915 Rosa Koch geheiratet hatte, musste er während des Ersten Weltkriegs zum Kriegsdienst an die Westfront und wurde verwundet. Nach seiner Desertion kam er gegen Kriegsende wieder nach Hamburg, beteiligte sich am Arbeiter- und Soldatenrat und wurde Ende 1918 Mitglied der USPD und dort Vorsitzender des Hamburger Ortsverbandes. 1920 schloss sich Thälmann, der von 1919 bis 1933 Mitglied der Hamburgischen Bürgerschaft war, der KPD an. Er gehörte zum linken Flügel und wurde auch hier Ortsvorsitzender in Hamburg. Thälmann wurde als KPD-Politiker rasch international bekannt, unter anderem durch seine Arbeit bei der Kommunistischen Internationalen (Komintern). Er war aktiv am Hamburger KPD-Aufstand 1923 beteiligt, nachdem er im Vorjahr einem rechtsradikalen Mordattentat entgangen war. 1924 zog Thälmann, der nun meist in Berlin lebte, in den Reichstag ein. 1925 wurde er Vorsitzender der KPD, trat für diese mehrfach bei Reichpräsidentenwahlen an und sorgte für einen stalinistisch geprägten, die SPD als Hauptgegner sehenden Kurs der Partei. Unter der nationalsozialistischen Diktatur wurde Thälmann ab Anfang März 1933 mehrfach inhaftiert. 1944 sorgten Hitler und Himmler für seine Ermordung, nachdem er ins Konzentrationslager Buchenwald gebracht worden war. Thälmann galt als unbeugsamer Repräsentant des Kommunismus. In Thälmanns letztem Hamburger Wohnsitz an der Eppendorfer Tarpenbekstraße gibt es seit 1969 eine private Gedenkstätte, der Platz davor wurde 1985 nach ihm benannt.

Ernst Rowohlt

*** 23.6.1887 in Bremen | † 1.12.1960 in Hamburg**
Verleger

Der Verleger wurde vor allem durch die Rowohlt-Taschenbücher bekannt, die nach dem Zweiten Weltkrieg auf den Markt kamen. Als »Rowohlts Rotations Romane« (»rororo«) zunächst im Zeitungsformat, später als Taschenbücher gedruckt, wurden sie zum Markenzeichen preiswerter und zugleich anspruchsvoller Literatur. Damit revolutionierte Ernst Rowohlt den Buchmarkt. Der Kaufmannssohn hatte 1908 in Leipzig nach einem Volontariat in einer Druckerei zusammen mit Kurt Wolff seinen ersten Verlag gegründet. Aber das gemeinsame Projekt scheiterte bereits nach wenigen Jahren. Nach dem Ersten Weltkrieg startete Rowohlt erneut einen Anlauf und gewann bald Autoren wie Ernest Hemingway, William Faulkner, Robert Musil, Hans Fallada und Joachim Ringelnatz für seinen in Berlin ansässigen Verlag. Unter der nationalsozialistischen Diktatur erhielt er Berufsverbot und emigrierte 1940 nach Brasilien. Zusammen mit seinem Sohn Heinrich Maria Ledig-Rowohlt baute er nach dem Zweiten Weltkrieg den Verlag neu auf. Zum Zentrum seines Wirkens wurde nun Hamburg, der Verlag zog später in die benachbarte stormarnsche Stadt Reinbek (und residiert inzwischen wieder in Hamburg). Rowohlt verlegte bedeutende Gegenwartsliteratur, vor allem aus den USA, Großbritannien und Frankreich. Darunter waren Autoren wie Albert Camus und Jean-Paul Sartre. Rowohlts in hoher Auflage gedruckten Taschenbücher veränderten den Buchmarkt. Hinzu kamen populäre Sachbücher, ab 1958 die biografische Reihe »rowohlts monographien« sowie – nach Ernst Rowohlts Tod – auch die Taschenbuchreihe »rororo aktuell« zu gesellschaftlichen und politischen Gegenwartsfragen. Nach seinem Tod übernahm sein Sohn die Leitung des Verlages, bevor Letzterer an den Holtzbrinck-Konzern verkauft wurde. Das Grab von Ernst Rowohlt, der zu seinem 70. Geburtstag das Große Bundesverdienstkreuz erhalten hatte, befindet sich auf dem Friedhof in Hamburg-Volksdorf.

Max Brauer

*** 3.9.1887 in Ottensen (später Altona, heute Hamburg) |**
† 2.2.1973 in Hamburg
Politiker, Oberbürgermeister von Altona, Erster Bürgermeister von Hamburg

Der in ärmlichen Verhältnissen als eines von 13 Kindern aufgewachsene Brauer folgte beruflich zunächst seinem Vater und machte eine Glasbläser-Ausbildung. Mit seiner Familie zog er mehrfach um, wegen Aufrufs zu einem Streik wurde er von der Ausübung seines Berufs ausgeschlossen und war als Arbeiter tätig. Früh engagierte er sich in der Arbeiter- und Gewerkschaftsbewegung. So gründete er 1905 in Damgarten, seinem damaligen Wohnort, eine sozialdemokratische Ortsgruppe. Ab 1909 fand er in Ottensen eine Anstellung im Genossenschaftswesen und wurde 1911 Vorstandsmitglied des dortigen SPD-Ortsvereins. Nach dem Ersten Weltkrieg wurde Max Brauer im Rahmen der Novemberrevolution Mitglied der Stadtregierung von Altona, zu dem Ottensen seit 1889 gehörte. Im Jahr 1924 wurde er Oberbürgermeister und gestaltete das damals noch selbstständige Altona mit sozialdemokratischer Politik. Nach Beginn der NS-Diktatur ging Max Brauer ins Exil (Frankreich, China, USA). Nach Ende von Diktatur und Zweitem Weltkrieg kehrte er zurück. Mit dem Groß-Hamburg-Gesetz von 1937 war Altona zu Hamburg gekommen, dort wurde er zum ersten frei gewählten Ersten Bürgermeister der Nachkriegszeit. Nach seiner zunächst bis 1953 währenden Amtszeit war er ein zweites Mal von 1957 bis 1960 Erster Bürgermeister. Außerdem war er unter anderem Mitglied des SPD-Bundesvorstands und Abgeordneter des Bundestages. Max Brauer wurde auf dem Hauptfriedhof Altona bestattet. Unter den vielen Ehrungen, die der Alt-Bürgermeister erfuhr, ist die Benennung einer Straße in Altona im Jahr 1975 die in der Öffentlichkeit bekannteste: Die Max-Brauer-Allee führt vom ehemaligen Altonaer Rathaus (heute Bezirksamt) in Richtung Schanzenviertel.

Adolf Jäger

*** 31.3.1889 in Hamburg | † 21.11.1944 ebenda**
Fußballspieler

Im Stadtteil Eimsbüttel geboren, spielte der spätere Nationalspieler zunächst in der Jugend von Union 03 Altona und wechselte 1907 zum Verein Altona 93 in der damals noch selbstständigen und zu Preußen gehörenden Nachbarstadt von Hamburg. Seinen ersten Einsatz hatte er Ende desselben Jahres bei einem Freundschaftsspiel. Mit seinem neuen Verein, dem er bis zum Ende seiner Laufbahn angehörte, gewann Adolf Jäger mehrere regionale Meisterschaften und zwei Norddeutsche Meistertitel. Außerdem nahm er mehrfach an den Deutschen Meisterschaften teil. Im Jahr 1909 erreichte Altona 93 mit Adolf Jäger bei Letzterer das Halbfinale. In der Folgezeit musste er wegen seines Militärdienstes pausieren. Für die Auswahl des Norddeutschen Fußball-Verbandes kam er 51-mal zum Einsatz. Dabei gewann er dreimal den Kronprinzen- bzw. Bundespokal (1914, 1917 und 1919). Für die deutsche Nationalmannschaft spielte er 18 Länderspiele, die meisten davon als Kapitän. Sein erster Einsatz war beim Länderspiel gegen Österreich im Jahr 1908. Auch nahm er am Fußballturnier der Olympischen Spiele in Stockholm 1912 teil, wurde dort aber nur in einem Spiel eingesetzt. Die sportliche Vereinskarriere von Adolf Jäger endete 1927, während er sein letztes Länderspiel 1924 bereits bestritten hatte. Seit Ende des Ersten Weltkriegs hatte er einen Tabakladen an der heutigen Max-Brauer-Allee betrieben und war Mitinhaber eines Bekleidungsgeschäfts am Jungfernstieg. Der Fußballstar starb als Luftschutzhelfer bei einem Bombenangriff in den letzten Monaten des Zweiten Weltkriegs. Er ist auf dem Hauptfriedhof Altona bestattet. Nach Adolf Jäger wurde das Stadion an der Griegstraße benannt, dort ist dem Fußballspieler auch ein Denkmal gewidmet.

Carl von Ossietzky

*** 3.10.1889 in Hamburg | † 4.5.1938 in Berlin**
Publizist, Pazifist

Nachdem der Vater früh verstorben war, heiratete seine Mutter Rosalie von Ossietzky (geb. Pratzka) den Bildhauer und Sozialdemokraten Gustav Walther, als Ossietzky 13 Jahre alt war. Über seinen Stiefvater fand er Interesse an Politik und trat 1908 der linksbürgerlichen Demokratischen Vereinigung bei. 1913 heiratete er die britische Frauenrechtlerin Maud Lichfield-Wood, 1916 wurde er als Soldat an die Westfront abkommandiert. Nach Ende des Ersten Weltkriegs konzentrierte er sich auf seine publizistische Tätigkeit, nachdem er den Justizdienst verlassen hatte. 1919 zog Ossietzky mit seiner Frau – im selben Jahr wurde die Tochter Rosalinde geboren – nach Berlin, um eine Stelle als Sekretär bei der DFG anzunehmen. Letztere kündigte er aber 1920 wegen unterschiedlicher Anschauungen bereits wieder. Weiterhin pazifistisch (beispielsweise in der »Nie-Wieder-Krieg«-Bewegung) und politisch tätig, wurde er 1927 Chefredakteur und Herausgeber des Wochenperiodikums »Die Weltbühne«. Dabei arbeitete er mit Kurt Tucholsky zusammen. Berühmt wurde der »Weltbühne«-Prozess, als die Zeitschrift geheime Aufrüstungsmaßnahmen der Reichswehr entlarvte und Ossietzky sowie ein Militärexperte zu Haftstrafen wegen Geheimnisverrats verurteilt wurden. Die verhängte Haftstrafe trat er an, wurde aber Ende 1932 vorzeitig amnestiert. Kurz nach Beginn der nationalsozialistischen Diktatur wurde er interniert und kam schließlich in die Konzentrationslager Sonnenburg und Esterwegen. Bereits schwer von Misshandlungen sowie einer offenen Tuberkulosekrankheit gezeichnet und völlig abgemagert, kam er im Frühjahr 1936 unter Bewachung in Berliner Krankenhäuser. Inzwischen war eine internationale Nobelpreiskampagne zu Gunsten Ossietzkys erfolgreich gewesen: Ihm wurde nachträglich der Friedensnobelpreis 1935 zuerkannt. Er durfte jedoch nicht zur Annahme des Preises nach Oslo reisen. Vielmehr starb er bald darauf an den Folgen seiner Lungentuberkulose. In Hamburg wurde ihm zu Ehren 1983 die Universitäts- und Staatsbibliothek umbenannt, im Stadtteil Jenfeld erinnert eine Straße und in St. Georg ein Platz an ihn.

Hans Albers

*** 22.9.1891 in Hamburg | † 24.7.1960 in Berg (Starnberger See)**
Schauspieler

Der in der Langen Reihe in St. Georg als Sohn eines Schlachtermeisters geborene Hans Albers zählt zu den bekanntesten Schauspielern des 20. Jahrhunderts. Nach wenig erfolgreicher Schulausbildung und Lehre arbeitete er bei einer Seidenfirma in Frankfurt und nahm ohne Wissen seiner Eltern Schauspielunterricht. Ab 1912 erfolgten erste Engagements an deutschen Theatern, unter anderem in Frankfurt/Main und Köln. 1913 kam er zum Schiller-Theater im damals noch selbstständigen Altona, 1914 zum Thalia-Theater in Hamburg. Nach dem Ersten Weltkrieg, in dem er am Bein schwer verwundet wurde, wirkte er unter anderem für mehrere Jahre an Berliner Theatern. Um 1930 wurde Albers zu einem der führenden deutschen Schauspieler. Zugleich wurde er durch den beginnenden deutschen Tonfilm bekannt (unter anderem »Die Nacht gehört uns« und »Der blaue Engel«). Weitere bedeutende Film- und Theaterrollen folgten, unter letzteren der »Liliom« in Ferenc Molnárs gleichnamigem Stück an der Berliner Volksbühne. Während der NS-Zeit wirkte er auch an propagandistischen Filmen mit, ohne sich zum Nationalsozialismus, dem er distanziert gegenüberstand, zu bekennen. Gleichwohl profitierte die NS-Diktatur von seiner Popularität als Schauspieler. Von seiner jüdischen Lebensgefährtin Hansi Burg trennte sich Hans Albers zwar offiziell, lebte jedoch weiterhin mit ihr in Garatshausen bei Tutzing (Starnberger See) zusammen, wo er ein Grundstück besaß. 1938 sorgte er für ihre Emigration nach England. Nach ihrer 1946 erfolgten Rückkehr kamen die beiden wieder zusammen. Für Hamburg wurde Hans Albers mit dem Film »Große Freiheit Nr. 7« (1944) bekannt, der auf St. Pauli spielte und während der NS-Zeit nicht aufgeführt wurde, sondern erst im September 1945. Nach dem Zweiten Weltkrieg war Hans Albers wieder als Theaterschauspieler aktiv. In den 1950er Jahren drehte er weitere Filme mit Hamburg- bzw. St.-Pauli-Kolorit (unter anderem »Auf der Reeperbahn nachts um halb eins«, 1954). Albers starb in einem bayrischen Sanatorium drei Monate nachdem er bei einer Theateraufführung zusammengebrochen war. Seine letzte Ruhestätte auf dem Ohlsdorfer Friedhof zählt zu den dort am meisten besuchten Gräbern. Nach dem Schauspieler wurde ein Platz in St. Pauli benannt, auf dem ein Hans-Albers-Denkmal des Bildhauers Jörg Immendorf steht.

Bilder und

Otto Fritz (»Tull«) Harder

*** 25.11.1892 in Braunschweig | † 4.3.1956 in Hamburg**
Fußballspieler, KZ-Kommandant

Der Mittelstürmer des Hamburger SV zählte zu den großen Hamburger Fußballern der Zeit zwischen dem Ersten und dem Zweiten Weltkrieg. Wegen seiner Rolle als überzeugter Nationalsozialist, SS-Hauptscharführer und KZ-Lagerkommandant wurde er nach der Befreiung von der NS-Diktatur als Kriegsverbrecher verurteilt. Harder kam 1913 aus Braunschweig zum HFC 88, einem der Vorläufervereine des 1919 gebildeten HSV. Mit dem HSV, der damals zu den erfolgreichsten deutschen Mannschaften zählte und am Rothenbaum spielte, gewann er nach dem Ersten Weltkrieg zwei Deutsche Meisterschaften und neun Nordmeisterschaften. Harder spielte auch 15-mal für die deutsche Nationalmannschaft. Seine Spielerlaufbahn beendete er 1934 beim SC Victoria. Sein Spitzname leitet sich von dem berühmten englischen Fußballspieler Walter Tull (1888–1918) ab, der im Ersten Weltkrieg gefallen war. Harder trat während seiner aktiven Zeit 1932 der NSDAP bei und 1933 der SS (deren Uniform er öffentlich trug). Als SS-Hauptscharführer wurde er – nach Stationen in den Konzentrationslagern Sachsenhausen und Neuengamme – Lagerführer des für Rüstungsproduktion zuständigen KZ Ahlem. In dieser Zeit kamen auf Grund der miserablen Arbeits- und Ernährungsbedingungen sowie Misshandlungen dort 230 Menschen ums Leben. 1947 wurde Harder als Kriegsverbrecher zu 15 Jahren Haft verurteilt, später aber begnadigt. Der HSV schloss ihn vorübergehend als Mitglied aus, machte diese Entscheidung nach der Begnadigung aber rückgängig. Zu seiner Bestattung stellte der HSV eine Ehrenwache. Vermerkt sei nicht zuletzt, dass Harders früherer Mitspieler und Freund beim HSV (beide gewannen die Deutsche Meisterschaft 1923), der spätere norwegische Nationaltrainer Asbjörn Halvorsen, 1942 von der Gestapo verhaftet wurde, 1945 nur knapp dem Tod im KZ Neuengamme entkam und im Jahr vor Harder an den Spätfolgen der KZ-Haft verstarb.

Hans Henny Jahn

*** 17.12.1894 in Stellingen (heute Hamburg) | † 29.11. 1959 in Hamburg**
Schriftsteller, Orgelbauer

Der vielfältig talentierte Jahnn zählt zu den wichtigsten, aber auch umstrittensten Schriftstellern des 20. Jahrhunderts. Geboren als Sohn eines Schiffsbauers, absolvierte er die Oberrealschule am Kaiser-Friedrich-Ufer im Stadtteil Eimsbüttel. Während des Ersten Weltkriegs emigrierte er wegen drohenden Kriegsdienstes mit dem Musikschriftsteller Gottlieb Harms nach Norwegen. Nach Kriegsende lebte er mit diesem und dem Bildhauer Franz Buse in Eckel (heute Gemeinde Rosengarten) im südlichen Hamburger Umland. Dort lernte er auch seine spätere Ehefrau Ellinor Philips kennen, mit der er eine gemeinsame, 1929 geborene Tochter hatte. Parallel zu seiner offen geführten Beziehung und Ehe gilt der Schriftsteller nach heutigen Erkenntnissen als homosexuell. Da Homosexualität damals strafbar war, bekannte sich Jahnn nicht dazu. In der Zeit um 1920 und danach veröffentlichte Jahnn erste Dramen, die wegen ihrer Konnotationen von Sexualität und Gewalt umstritten waren, aber auch ausgezeichnet wurden (unter anderem 1920 mit dem Kleist-Preis). 1929 veröffentlichte er den expressionistischen Roman »Perrudja«, nachdem er drei Jahre zuvor mit Harms und beider Ehefrauen nach Hamburg zurückgekehrt war. Jahnn engagierte sich kulturpolitisch in verschiedenen Organisationen für Schriftsteller und Künstler, arbeitete als Orgelbauer und -restaurator und setzte sich für eine Reform des Orgelbaues ein. Auf Grund seiner ablehnenden Haltung gegenüber dem Nationalsozialismus war Jahnn ab 1933 größtenteils im Ausland, zunächst in der Schweiz und in Frankreich, dann auf der dänischen Insel Bornholm. Dort entstand im Wesentlichen mit dem Roman »Fluss ohne Ufer« sein Hauptwerk, das allerdings Fragment blieb. Von 1950 bis zu seinem Tod wieder in Hamburg in einem Haus im Hirschpark lebend, setzte sich der Pazifist Jahnn politisch gegen die Wiederbewaffnung und atomare Aufrüstung ein. Er wurde erster Präsident der Freien Akademie der Künste in Hamburg und setzte auch sonst sein kulturpolitisches Engagement fort. 1956 erhielt er den Lessing-Preis der Hansestadt Hamburg. Jahnns Grabstätte – eine speziell gestaltete Gruft, die ebenso wie sein Sarg nach den Prinzipien seiner Künstlergemeinschaft »Ugrino« entworfen wurde – befindet sich auf dem Nienstedtener Friedhof. In Uhlenhorst ist ihm der Hans-Henny-Jahnn-Weg gewidmet.

Henry Vahl

***26.10.1897 in Stralsund | † 21.7.1977 in Hamburg**
Schauspieler

Geboren als Sohn eines Seemanns und Fischers, wurde Vahl durch das Ohnsorg-Theater und das St. Pauli Theater zum berühmten Volksschauspieler. Dabei spielten Fernsehübertragungen der Inszenierungen ab Mitte der 1960er Jahre eine entscheidende Rolle. Noch als Kind zog er 1906 mit seiner Familie nach Kiel. Dort wurde sein Schauspieltalent entdeckt und er erhielt kleinere Rollen. Seine erste Hauptrolle spielte Vahl, der nebenbei auf einer Werft jobbte, 1916 in »Peterchens Mondfahrt«. Auch tourte er mit Franz Lehárs »Lustiger Witwe« durch Norddeutschland. Nach Ende des Ersten Weltkriegs und in den 1920er Jahren waren Lübeck, Braunschweig und Bernburg/Saale weitere Stationen, später folgte Berlin. Seine Frau Germaine, geb. Koch, die er in Braunschweig kennengelernt hatte, war Halbjüdin und musste nach einem Arbeitsverbot unter dem NS-Regime ab Ende 1941 in der Nähe von Ratzeburg versteckt leben. Ab 1950 lebten beide in Hamburg-Eimsbüttel. Henry Vahl hatte Engagements am Flora-Theater, im Theater im Zimmer und im Jungen Theater (heute Ernst-Deutsch-Theater). 1958 begann seine Zeit am Ohnsorg-Theater, wo seine Erfolgslaufbahn mit der Rolle des Altgesellen Matte in dem niederdeutschen Stück »Meister Annecker« begann. Es folgten über 100 Rollen, die ihn zu einem Markenzeichen, häufig als kauzige Persönlichkeit, werden ließen, nicht selten an der Seite von Heidi Kabel. Die Fernsehaufzeichnung von »Meister Annecker« im Jahr 1965 machte ihn deutschlandweit bekannt. Henry Vahl trat auch in Filmen sowie in der Fernsehserie »Haifischbar« auf und veröffentlichte Schallplatten. Nachdem er 1972 das Ohnsorg-Theater verlassen hatte, spielte er noch eine Zeit lang im St. Pauli Theater. Henry Vahl wurde im Familiengrab auf dem Ohlsdorfer Friedhof bestattet. Im Stadtteil Eimsbüttel wurde ein Park nach dem Schauspieler benannt.

Gustaf Gründgens

*** 22.12.1899 in Düsseldorf | † 7.10.1963 in Manila**
Schauspieler, Regisseur und Intendant

Gustaf Gründgens begründete den Aufstieg des Deutschen Schauspielhauses in Hamburg nach dem Zweiten Weltkrieg. Zunächst besuchte er mehrere Gymnasien, die er ohne Abitur verließ. Anschließend machte Gustaf Gründgens eine Kaufmannsausbildung und wurde 1917 zum Militär eingezogen. Weil er Fronttheater veranstaltete, konnte er den Kampfhandlungen des Ersten Weltkriegs entgehen. Nach Kriegsende absolvierte er 1919/20 an der Hochschule für Bühnenkunst des Schauspielhauses Düsseldorf eine Ausbildung. Nach mehreren Engagements in verschiedenen Städten wechselte er 1923 – er hatte gerade erstmals als Regisseur gearbeitet – zu den Hamburger Kammerspielen und 1928 ans Deutsche Theater nach Berlin. Um 1930 spielte er in ersten Filmen, unter anderem in »M« (1931), einer der ersten deutschen Tonfilmproduktionen. 1932 fing er mit der Arbeit am Preußischen Staatstheater Berlin (heute Schauspielhaus) in der Rolle des »Mephisto« in Goethes »Faust« an, mit der er seitdem verbunden wird. Seine Interpretation des »Hamlet« 1936 machte ihn zur Zielscheibe nationalsozialistischer Angriffe. Gleichwohl setzte er seine Karriere – protegiert vom preußischen Ministerpräsidenten Hermann Göring – unter der NS-Diktatur fort. Auch filmisch arbeitete Gründgens weiter, unter anderem in dem NS-Propagandafilm »Ohm Krüger« (1940/41). Nach Ende von Diktatur und Weltkrieg wirkte er zunächst in Berlin, bevor er zwischen 1947 und 1955 als Generalintendant in Düsseldorf arbeitete. Anschließend wurde er Generalintendant des Deutschen Schauspielhauses in Hamburg. Unter seiner Leitung entwickelte es sich zu einem Theater mit internationaler Reputation. Viel beachtet wurde beispielsweise die »Faust«-Inszenierung, die er dann 1960 mit Will Quadflieg als Faust und sich selbst als Mephisto auch erfolgreich verfilmte. 1963 gab er seine Hamburger Intendanz auf und ging auf Reisen. Die Umstände seines Todes – er starb an einer Überdosis Schlaftabletten – blieben ungeklärt, insbesondere ob es sich um einen Freitod handelte. Gustaf Gründgens wurde auf dem Ohlsdorfer Friedhof im Bereich des Althamburgischen Gedächtnisfriedhofes bestattet. Nach ihm wurde eine Straße im Stadtteil Steilshoop benannt. In Klaus Manns Roman »Mephisto« wird Gustaf Gründgens als Beispiel eines Künstlers interpretiert, der sich der NS-Diktatur geschmeidig anpasst.

Ida Ehre

*** 9.7.1900 in Prerau (heute Přerov, Tschechien) | † 16.2.1989 in Hamburg**
Schauspielerin, Regisseurin, Intendantin

Die langjährige Intendantin der Hamburger Kammerspiele hatte nach einer Ausbildung an der Wiener Akademie für Musik und darstellende Kunst ihre erste Rolle 1918 in Goethes »Iphigenie auf Tauris«. Nach Stationen an diversen Theatern stand sie durch eine Anstellung am Berliner Lessing-Theater 1931 vor ihrem Durchbruch. Nach Beginn der NS-Diktatur erhielt sie jedoch als Jüdin Berufsverbot. Mit ihrem Mann, dem Arzt Bernhard Heyde, unternahm sie den Versuch, nach Chile zu emigrieren, doch dieser Plan scheiterte, da inzwischen der Zweite Weltkrieg ausgebrochen war. Danach lebte das Ehepaar unter den prekären Bedingungen der »Mischehe« in Hamburg. 1943 wurde Ida Ehre im Konzentrationslager Fuhlsbüttel interniert, aber durch Intervention ihres Mannes vor der Deportation bewahrt. Nach Kriegsende wurde sie Leiterin der Hamburger Kammerspiele in jenem Gebäude in der Hartungstraße, das früher vom Jüdischen Kulturbund genutzt worden war. Das schrieb Theatergeschichte, als 1947 Wolfgang Borcherts Kriegsheimkehrerstück »Draußen vor der Tür« uraufgeführt wurde. Überhaupt zeigten die Kammerspiele zahlreiche moderne Stücke, die teils erstmals in Deutschland aufgeführt wurden, unter anderem von Jean-Paul Sartre und Thornton Wilder. Als Schauspielerin wurde Ida Ehre durch ihre Rolle als Hauptfigur in Bertolt Brechts »Mutter Courage« und als Königin Hekuba in »Die Troerinnen« von Euripides/Werfel berühmt. Ab Mitte der 1950er Jahre arbeitete sie auch für Film und Fernsehen, zum Beispiel 1962 in der Edgar-Wallace-Verfilmung »Die toten Augen von London« und 1972 in dem Fernsehmehrteiler »Der rote Schal« nach Wilkie Collins, sowie als Hörspiel- und Synchronsprecherin. 1985 erhielt sie als erste Frau die Ehrenbürgerschaft der Stadt Hamburg. Ida Ehre wurde auf dem Ohlsdorfer Friedhof im Bereich des Althamburgischen Gedächtnisfriedhofes bestattet. Ein Teil des Gerhart-Hauptmann- Platzes wurde ihr zu Ehren umbenannt, im Stadtteil Harvestehude ist ihr eine Schule gewidmet.

Oskar vom Pferdemarkt

(eigentlich Fritz Krüger)

*** 11.4.1902 in Hamburg | † 18.2.1969 ebenda**
Hamburger Original, »König der Straßenhändler«

Der als Sohn eines Schriftsetzers aufgewachsene gebürtige St. Paulianer wurde nach dem Tod seines Vaters 1904 schon früh Halbwaise. Trotz einer Lehre als Maschinenschlosser, die er bei einem Bahrenfelder Motorenwerk absolvierte, galt sein Interesse dem Theater. Fritz Krüger wurde Mitglied einer Laienspielgruppe, konnte diesen Weg beruflich jedoch nicht ausbauen. Sein Geld verdiente er zunächst als Vertreter, seit den 1920er Jahren dann als Straßenhändler. Stadtbekannt wurde er, nachdem er 1924 begonnen hatte, unter dem Namen »Oskar« als Straßenhändler am damaligen Pferdemarkt, dem heutigen Gerhart-Hauptmann-Platz, zu arbeiten. Vor dem Karstadt-Kaufhaus verkaufte er Haushalts-, Klein- und Kurzwaren. Dabei kam ihm sein schauspielerisches und rednerisches Talent zugute. Oskars Redegewandtheit und sein Humor machten ihn ebenso populär wie sein Auftreten mit Ballonmütze und Bauchladen. Ihn überlebt hat nicht zuletzt die sprichwörtliche Rede von der »Wucht in Tüten«, auch die Wendung »Frech wie Oskar« wird auf seine Auftritte zurückgeführt. Nach dem Zweiten Weltkrieg, als er in der Truppenversorgung tätig gewesen war, betrieb er eine provisorische Kantine in einem Hamburger Wohnlager. Die Bekanntheit von Oskar war immer noch fast ungebrochen. Als er 1951 einen Streit schlichten wollte, wurde ihm durch Zertrümmerung des Kehlkopfes seine eigentliche Fähigkeit, das laute Reden, genommen. Er konnte nur noch flüstern und zog nach Auflösung der Kantine mit einem Verkaufskarren durch die Stadt. Auf seinem Grabstein auf dem Ohlsdorfer Friedhof steht – ebenso wie in der Todesanzeige – über seinem bürgerlichen Namen auch die volkstümliche Bezeichnung »Oskar vom Pferdemarkt«.

Werner Kallmorgen

*** 15.8.1902 in Altona (heute Hamburg) | † 26.1.1979 in Heimhart (Niederbayern)**
Architekt

Werner Kallmorgen gilt als bedeutender Architekt der Nachkriegsmoderne in Hamburg. Auf dem von ihm entworfenen Kaispeicher A (1962–1966) auf dem Großen Grasbrook steht heute die Elbphilharmonie. Geboren als Sohn des Architekten und späteren Altonaer Bausenators Georg Kallmorgen, studierte er zwischen 1920 und 1925 an den Technischen Hochschulen München und Dresden Bauingenieur und Architektur. Nach einem Intermezzo beim Bauamt der damals noch selbstständigen Stadt Altona (1927/28) unter Gustav Oelsner arbeitete er als freier Architekt und gestaltete vorwiegend Einfamilienhäuser. Nach Ende von NS-Diktatur und Zweitem Weltkrieg wirkte er im Hamburger Arbeitsausschuss Stadtplanung mit (1945–1947) und arbeitete unter anderem für den langjährig andauernden Wiederaufbau der Speicherstadt und des von seinem Vater entworfenen Thalia-Theaters (1945–1960). Auch in anderen deutschen Städten erhielt er in der Nachkriegszeit Aufträge, beispielsweise zum Wiederaufbau der Laves-Oper in Hannover und des Kieler Stadttheaters. In Hamburg bekannt wurden – neben dem erwähnten Kaispeicher A – die Hauptverwaltung des Otto-Versands im Stadtteil Bramfeld (1959–1970), das Ernst-Barlach-Haus im Jenischpark (1961–1962), das IBM-Haus in der Altstadt (1963–1967), das ehemalige »Spiegel«-Hochhaus an der Brandstwiete (1967–1969) und das Allgemeine Krankenhaus Altona (1961–1970). Kallmorgens Architekturbüro zählte in den ersten Nachkriegsjahrzehnten zu den bedeutendsten in Hamburg. Stilistisch war er von moderner skandinavischer Architektur beeinflusst. Werner Kallmorgen, der im Alter nach Bayern übersiedelte und seine Ansichten auch in Buchpublikationen dokumentierte, wurde auf dem Friedhof Holstenkamp im Stadtteil Bahrenfeld bestattet.

Max Schmeling

***28.9.1905 in Klein Luckow (heute Gemeinde Jatznick, Landkreis Vorpommern-Greifswald) | † 2.2.2005 in Wenzendorf (Landkreis Harburg)**
Boxer

Der deutsche Boxweltmeister hatte vielfältige Beziehungen zu Hamburg, wo er eine Zeit lebte und wichtige Kämpfe absolvierte, darunter den Kampf mit der größten Zuschauerzahl aller Zeiten in Europa. Schmeling kam 1906 als Kleinkind mit seinen Eltern – der Vater erhielt eine Stellung bei der Reederei Hamburg-Amerika-Linie – nach Hamburg, wo er zunächst bis 1922 lebte. Mit 14 Jahren begann er eine kaufmännische Lehre, Anfang der 1920er Jahre erwachte seine Begeisterung für den Boxsport. Um sich als Boxer vereinsmäßig ausbilden zu lassen, ging er ins Rheinland, dem damaligen Zentrum des deutschen Boxsports. Zunächst in Düsseldorf, später in Köln-Mülheim erhielt er zugleich eine berufliche Anstellung bei einer Brunnenbaufirma. Nach seinem Wechsel zum Profiboxen (erster Kampf in Düsseldorf 1924) wurde der hochtalentierte Schmeling 1926 Deutscher Meister, 1927 Europameister und 1930 Weltmeister. In Hamburg gewann er in einer eigens für den Kampf in Rothenburgsort errichteten Halle 1935 gegen den US-Amerikaner Steve Hamas. Im Folgejahr kam es zum bis heute legendären Kampf in New York gegen den US-Amerikaner Joe Louis, den er als Außenseiter gewann. Nachdem er den Rückkampf gegen Louis – dem er übrigens bis zu dessen Tod privat verbunden blieb – 1938 verlor, wurde er im Folgejahr noch einmal in Stuttgart Boxeuropameister. Die nationalsozialistische Diktatur vereinnahmte Max Schmelings Erfolge für sich. Der Boxer selbst betrachtete sich als unpolitisch, gleichwohl rettete er einigen verfolgten jüdischen Mitbürgern das Leben. Auch der Aufforderung der NS-Machthaber, sich von seinem jüdischen Manager zu trennen, kam er nicht nach. 1940 wurde der Boxer in die Wehrmacht eingezogen, später aber wegen einer Kriegsverletzung wieder entlassen. Nach dem Zweiten Weltkrieg zog Max Schmeling mit seiner Frau Anny Ondra, einer Filmschauspielerin, ins südliche Hamburger Umland. In den 1950er Jahren baute er ein Getränkeunternehmen sowie eine Hühnerzucht und eine Nerzfarm auf. Als er im hohen Alter starb, wurde dem auch in der Bundesrepublik sehr populären Sportler in der St.-Michaelis-Kirche am 1. März 2005 eine offizielle Trauerfeier ausgerichtet. In Hamburg wurde eine Schule mit zwei Standorten in Jenfeld und Marienthal nach ihm benannt, in Harburg ein Park.

Gerd Bucerius

(eigentlich Gerhard Bucerius)

***19.5.1906 in Hamm (Westfalen) | † 29.9.1995 in Hamburg**
Publizist, Verleger, Politiker

Bekannt geworden unter anderem als Verleger der Wochenzeitung »Die Zeit«, studierte Bucerius zwischen 1924 und 1928 Jura in Hamburg, Freiburg und Berlin. Nach mehreren Referendariats- bzw. weiteren beruflichen Stationen in Schleswig-Holstein wurde er 1933 Mitglied in der Altonaer Kanzlei seines Vaters und promovierte im Folgejahr an der Universität Hamburg. 1932 heiratete er Detta Goldschmidt, die wegen ihrer jüdischen Herkunft 1938 nach England emigrieren musste. Kurz zuvor war Bucerius als Verteidiger für den jüdischen Reedereibesitzer Arnold Bernstein tätig gewesen – eines der ersten Opfer nationalsozialistischer Arisierungspolitik. Nach der 1945 erfolgten Scheidung von seiner ersten Frau heiratete Bucerius zwei Jahre später Gertrud Ebel. Im Februar 1946 erhielt Gerd Bucerius mit anderen die Lizenz für die Wochenzeitung »Die Zeit«. Durch Mehrheitsbeteiligung am Nannen-Verlag wurde er auch Verleger der Zeitschrift »Stern«. Bucerius entwickelte sich nun neben Rudolf Augstein und Axel Springer zum führenden Repräsentanten der Hamburger Medienszene. Bei Auseinandersetzungen mit den weiteren Gesellschaftern der »Zeit« setzte er sich letztlich durch und wurde alleiniger Gesellschafter. 1965 gründete er mit Richard Gruner und John Jahr sen. den Pressekonzern Gruner + Jahr (später zu Bertelsmann). Bereits seit 1949 war er für die CDU Abgeordneter im Deutschen Bundestag, wo er vorübergehend als Beauftragter für die Berliner Wirtschaft fungierte. 1961 trat Bucerius nach einem Streit über einen kirchenkritischen Artikel im »Stern« aus der Partei aus, im Folgejahr legte er sein Bundestagsmandat nieder. 1971 wurde die »Zeit«-Stiftung gegründet (später »ZEIT«-Stiftung Ebelin und Gerd Bucerius), Bucerius engagierte sich auch darüber hinaus als Mäzen. Er wurde auf dem Friedhof Klosterbergen in Reinbek bei Hamburg bestattet. In Hamburg ist eine Straße nahe des Verlagsgebäudes am Speersort nach Gerd Bucerius benannt.

Lola Rogge

*** 20.3.1908 in Altona (heute Hamburg) | † 13.1.1990 in Hamburg**
Tänzerin, Choreografin und Pädagogin

Nach ihrer schulischen Laufbahn zunächst am Altonaer Lyzeum und später an einer jüdischen Privatschule begann die Tochter eines Altonaer Stadtbaumeisters 1925 eine Ausbildung an der gerade gegründeten Hamburger Tanz- und Bewegungsschule (»Hamburger Bewegungschöre Rudolf von Laban«, auch Labanschule genannt). Diese arbeitete im Gebäude des heutigen Literaturhauses am Schwanenwik nach dem Konzept des ungarischen Tänzers und Choreografen Rudolf von Laban und wurde von dem Hamburger Choreografen und Pädagogen Albrecht Knust geleitet. Nach ihrem Abschluss 1927 wurde Lola Rogge zunächst Assistentin und später Nachfolgerin von Albrecht Knust. Zugleich gründete sie mit der Altonaer Labanschule Lola Rogge eine eigene, ähnlich ausgerichtete Schule mit Kinderbewegungschören. 1931 heiratete sie ihren Mitarbeiter Hans Meyer. 1937 wurde die Labanschule in Lola-Rogge-Schule umbenannt – der Name Rudolf von Labans war unter den Nationalsozialisten nicht erwünscht. Im Folgejahr zog die Schule nach Rotherbaum in das Privatanwesen von Lola Rogge um, deren Ehemann auch als Geschäftsführer wirkte. Mit den »Amazonen« und der »Mädcheninsel«, beide in den 1930er Jahren im Deutschen Schauspielhaus uraufgeführt, erlangte sie nicht nur Renommee, sondern auch einen Vertrag als Choreografin am Schauspielhaus. 1950 kam ihr szenisches Oratorium »Vita Nostra« heraus, 1954 wurde ihr »Lübecker Totentanz« in der Lübecker Marienkirche aufgeführt. Bis Ende der 1950er Jahre arbeitete Lola Rogge weiter als Choreografin für das Deutsche Schauspielhaus. Ihre Tanzschule, die 1972 eine Filiale in Blankenese eröffnete, wurde 1975 von ihrer Tochter Christiane Meyer-Rogge übernommen. Lola Rogge wurde auf dem Ohlsdorfer Friedhof beerdigt, im dortigen »Garten der Frauen« gibt es eine Gedenkstätte für sie. In der Hafencity ist ein Platz nach ihr benannt.

Heinz Erhardt

*** 20.2.1909 in Riga | † 5.6.1979 in Hamburg**
Musiker, Schauspieler, Komiker, Dichter

Nach der Trennung seiner Eltern wuchs Heinz Erhardt, Sohn eines Kapellmeisters, bei seinen Großeltern in Riga auf, wo er im familiären Musikgeschäft aushalf. Er begann mit dem Klavierspiel und studierte nach zahlreichen Schulwechseln von 1926 bis 1928 am Leipziger Konservatorium Klavier und Komposition. Gleichzeitig hatte er öffentliche Auftritte als Komiker. Zurück in Riga, arbeitete er ab 1928 wieder im Musikgeschäft, wirkte aber auch als Unterhaltungskünstler und hatte Auftritte im Rundfunk. 1935 heiratete er in St. Petersburg die Konsulstochter Gilda Zanetti, das Ehepaar bekam vier Kinder. 1939 zog er nach Berlin und ging als Komiker auf Tour. Während des Zweiten Weltkriegs war Heinz Erhardt als Musiker im Dienst der Truppenbetreuung unterwegs. 1946 siedelte er mit seiner Familie nach zwischenzeitlichem Wohnsitz in Schleswig-Holstein nach Hamburg um. Dort fand er verschiedene Auftrittsmöglichkeiten, unter anderem beim damaligen Nordwestdeutschen Rundfunk (NWDR). Zu Erfolgen im Rundfunk und auf Schallplatte trat ab den 1950er Jahren die erfolgreiche Film- und später auch Fernseharbeit hinzu, die komödiantischen Zuschnitt hatte. Insgesamt wirkte Heinz Erhardt bei 39 Filmen mit, beispielsweise »Witwer mit fünf Töchtern« (1957) und »Drei Mann in einem Boot« (1961). Nicht zuletzt war er in den 1960er Jahren im neuen Medium Fernsehen stark vertreten. Nicht wenige seiner Sätze, die sich durch Verdrehungen und Wortspiele auszeichneten, sind sprichwörtlich geworden (»Noch'n Gedicht«). Ende des Jahres 1971 erlitt er einen Schlaganfall, war nun stark behindert (Schädigung des Sprachzentrums) und lebte in seinem Haus im Stadtteil Wellingsbüttel. Er starb in der Nacht vom 4. auf 5.6.1979. Heinz Erhardt, der 1979 das Große Bundesverdienstkreuz erhalten hatte, wurde auf dem Ohlsdorfer Friedhof bestattet, nach ihm wurde ein Park in Wellingsbüttel benannt.

Marion Gräfin Dönhoff

*** 2.12.1909 auf Schloss Friedrichstein (Ostpreußen) |**
† 11.3.2002 auf Schloss Crottorf (Rheinland-Pfalz)
Publizistin

Marion Gräfin Dönhoff wirkte als eine der bedeutendsten deutschen Publizistinnen in der zweiten Hälfte des 20. Jahrhunderts vor allem von Hamburg aus. Geboren wurde sie als jüngstes von sieben Kindern einer Politikerfamilie. Auf einem Potsdamer Gymnasium erlangte sie 1929 das Abitur. Nach einer Ausbildung auf einer Schweizer Haushaltsschule studierte sie Volkswirtschaft in Frankfurt/Main und – nach Beginn der nationalsozialistischen Diktatur – in Basel. Ihr Studium schloss sie mit der Promotion ab. Als erklärte Gegnerin des Nationalsozialismus hatte sie Berührung mit Widerstandskreisen. Erste publizistische Beiträge in der gerade gegründeten Hamburger Wochenzeitung »Die Zeit« erschienen ab 1946. Im Jahr 1952 übernahm sie dort das Ressort »Politik«, verließ die Wochenzeitung aber aus politischem Protest gegen Beiträge des Chefredakteurs Richard Tüngel 1954. Nach vorübergehender Tätigkeit bei der Zeitschrift »Observer« in London kam sie 1955 zurück zur »Zeit«, deren nun liberalen Kurs sie zusammen mit dem Verleger Gerd Bucerius personifizierte, und wurde 1968 Chefredakteurin. Politisch liberal orientiert, setzte sich Marion Gräfin Dönhoff frühzeitig seit Beginn der 1960er Jahre für eine bundesdeutsche Aussöhnung mit Polen und der Sowjetunion ein und wandte sich gegen die Apartheidspolitik in Südafrika. 1971 erhielt sie den renommierten Friedenspreis des Börsenvereins des deutschen Buchhandels, 1973 stieg sie zur Herausgeberin der »Zeit« auf (später unter anderem zusammen mit Helmut Schmidt). Ihre publizistische Tätigkeit umfasste darüber hinaus 20 Bücher, unter anderem zur Geschichte ihrer Familie und Ostpreußens. 1982 wurde die in Blankenese ansässige Gräfin Dönhoff, deren Haus ein intellektueller Treffpunkt war, zur Ehrensenatorin der Universität Hamburg und 1999 zur Ehrenbürgerin der Stadt Hamburg ernannt. In Blankenese wurde das Gymnasium Willhöden 2009 in Marion-Dönhoff-Gymnasium umbenannt.

Inge Meysel

(eigentlich Ingeborg Charlotte Hansen)

*** 30.5.1910 in Rixdorf (später Neukölln, heute Berlin) |**
† 10.7.2004 in Bullenhausen (Landkreis Harburg)
Schauspielerin

Ihre schulische Laufbahn am Oberlyzeum in Berlin brach sie ab, um eine Schauspielschule zu besuchen. Nach einem ersten größeren Engagement in Zwickau arbeitete Inge Meysel an Theatern in Leipzig und Berlin. 1932 spielte sie in dem Film »Großstadtnacht« mit. Wegen ihres jüdischen Vaters, des Kaufmanns Julius Meysel, erhielt Inge Meysel unter dem NS-Regime ab 1933 Auftritts- und Berufsverbot. Im Jahr 1936 zog sie mit ihrem Lebensgefährten, dem Schauspieler Helmut Rudolph, nach Hamburg. Zusammen zu leben wurde ihnen von der Gestapo verboten, und so musste sich Inge Meysel in der Zeit der Diktatur mit Hilfsarbeiten durchschlagen. Nach 1945 übernahm sie alsbald wieder Theaterrollen in Hamburg und Berlin, in der Regel im Boulevardbereich. Auch in mehreren Filmen wirkte sie mit, so in Nebenrollen in »Des Teufels General« (1955) und »Rosen für den Staatsanwalt« (1959). Nach dem Scheitern der ersten Ehe mit Helmut Rudolph heiratete sie John Olden. Mit Curt Flatows Stück »Fenster zum Flur« (1960) begann ihr Ruf als »Fernsehmutter der Nation«. Es folgten zahlreiche Rollen, in denen sie nicht zuletzt engagierte Frauen verkörperte. Herausragend war ihre Darstellung der Käthe Scholz in der TV-Serie »Die Unverbesserlichen« (1965–1971). Auch im hohen Alter stand sie noch vor der Kamera und auf der Bühne. Die mit zahlreichen Preisen und Ehrungen versehene Schauspielerin engagierte sich politisch für die Sozialdemokratie und gegen Sexismus sowie für ein humanes Sterben. Inge Meysel starb in ihrem Altersruhesitz in der Nähe von Hamburg und wurde auf dem Ohlsdorfer Friedhof bestattet.

Axel Cäsar Springer

*** 2.5.1912 in Altona (heute Hamburg) | † 22.9.1985 in Berlin**
Verleger

Der Begründer des seinerzeit größten europäischen Zeitungsverlages (unter anderem »Hamburger Abendblatt«, »Die Welt«, »Hörzu«, »Bild-Zeitung«) gehört zu den politisch umstrittensten Persönlichkeiten in der Medienszene in den Jahrzehnten nach dem Zweiten Weltkrieg, die er zugleich – nicht zuletzt für den Standort Hamburg – mitprägte. Geboren als Kind eines Altonaer Druckereibesitzers, der auch Zeitungen herausgab, durchlief er nach dem Besuch des Realgymnasiums eine Setzer- und Druckerlehre im väterlichen Unternehmen. Nach mehreren journalistischen Stationen in den 1930er Jahren wurde er stellvertretender Chefredakteur der »Altonaer Nachrichten« (ab 1938 »Hamburger Neueste Zeitung«). Nach deren Einstellung 1941 war er als Filmvorführer und Buchverleger aktiv. Nach Ende von NS-Diktatur und Zweitem Weltkrieg erhielt er schrittweise mehrere Lizenzen von der britischen Besatzungsbehörde zur Herausgabe von Zeitungen und Zeitschriften. Zwischenzeitlich gründete er 1946 die Axel Springer GmbH, die ab 1948 das »Hamburger Abendblatt« herausbrachte. Das Hamburger Verlagshaus an der Kaiser-Wilhelm-Straße wurde 1950/51 in einer Zeit errichtet, als die Illustrierte »Hörzu« bereits eine Millionenauflage erreichte. 1952 gründete Springer die »Bild-Zeitung«, das in einer Massenauflage erscheinende Boulevardblatt wurde zu einem Erfolg (ab 1956 flankiert von »Bild am Sonntag«). In den Folgejahren erwarb Axel Springer »Die Welt« und »Welt am Sonntag«. Der Verlag expandierte rasch und gründete mehrere neue Druckereien, unter anderem in Ahrensburg (Kreis Stormarn). Politisch war Axel Springer anti-kommunistisch eingestellt und setzte sich für die Wiedervereinigung beider deutscher Staaten ein. In der Zeit des demokratischen Aufbruchs um 1968 wurde er – nicht zuletzt wegen der aggressiv-feindseligen Berichterstattung der »Bild-Zeitung« – zu einem Hauptgegner der Studentenbewegung. Sein Unternehmen wurde 1970 zur Aktiengesellschaft und ging 1985 an die Börse. Nach Axel Springer, der zahlreiche Auszeichnungen erhielt, wurde der Platz am alten Hamburger Verlagssitz im Stadtteil Neustadt benannt.

Carl Friedrich von Weizsäcker

*** 28.6.1912 in Kiel | † 28.4.2007 in Söcking (Starnberger See)**
Physiker, Philosoph, Friedens- und Konfliktforscher

In den 1950er und 1960er Jahren wirkte Carl Friedrich von Weizsäcker von der Universität Hamburg aus in die bundesdeutsche wie auch internationale Politik und Gesellschaft hinein. Der ältere Bruder des späteren Bundespräsidenten Richard von Weizsäcker wuchs in einer Diplomatenfamilie in Stuttgart, Basel und Kopenhagen auf. Zwischen 1929 und 1933 studierte er Physik, Mathematik und Astronomie in Berlin, Göttingen und Leipzig, unter anderem bei dem Physiker und Nobelpreisträger Werner Heisenberg, bei dem er von 1934 bis 1936 arbeitete und sich anschließend habilitierte. Nach einer Zeit der Kriegsgefangenschaft in Großbritannien ging er zum Max-Planck-Institut für Physik nach Göttingen. Seinen früheren Einsatz für Kriegsforschung unter den Nationalsozialisten kritisch reflektierend, setzte er sich seit den 1950er Jahren gegen die atomare Aufrüstung und für Friedenspolitik ein. Dabei regte Weizsäcker die berühmte »Göttinger Erklärung« von 1957 an, in dem sich zahlreiche Atomphysiker gegen die atomare Bewaffnung der Bundeswehr aussprachen. Im selben Jahr nahm er den Ruf der Universität Hamburg auf einen Lehrstuhl für Philosophie an, den er zwölf Jahre innehatte. Mit dem »Tübinger Memorandum« wandte er sich Anfang der 1960er Jahre mit anderen Wissenschaftlern erneut gegen die Atompolitik und setzte sich für eine Aussöhnung mit den Ostblockstaaten und die Anerkennung der Oder-Neiße-Linie als Grenze zu Polen ein. Zusammen mit dem Soziologen Jürgen Habermas leitete er ab 1970 das von ihm selbst angeregte, in Starnberg angesiedelte Max-Planck-Institut zur Erforschung der Lebensbedingungen der wissenschaftlich-technischen Welt. Ab 1971 war Weizsäcker zugleich Honorarprofessor in München. Durch diese Aktivitäten, publizistische Tätigkeiten, Vorträge und Ähnliches wirkte er – auch nach seiner 1980 erfolgten Emeritierung – in eine breite gesellschaftliche Öffentlichkeit hinein. Carl Friedrich von Weizsäcker erhielt zahlreiche Preise und die Ehrendoktorwürden mehrerer Universitäten verschiedener Staaten. Er repräsentierte in der Ära der Bundesrepublik den Typus des politisch aufgeklärten und gesellschaftlich engagierten, pazifistischen Wissenschaftlers.

Henri Nannen

*** 25.12.1913 in Emden | † 13.10.1996 in Hannover**
Verleger, Publizist

Der Begründer der Hamburger Illustrierten »Stern« absolvierte zunächst eine Buchhändlerlehre, bevor er 1934–1938 Kunstgeschichte in München studierte. Bereits damals wurde er freier Autor für eine Fachzeitschrift, wirkte beim Rundfunk und als Stadionsprecher bei den Olympischen Spielen 1936 in Berlin. Während des Zweiten Weltkriegs arbeitete er als Kriegsberichterstatter bei einer Propagandaabteilung. Nach dem Ende von Krieg und Diktatur rief er 1946 mit einer Lizenz die »Hannoverschen Neuesten Nachrichten« ins Leben und war von 1947 bis 1949 Leiter der »Hannoverschen Abendpost«. Zugleich war er für die FDP politisch aktiv. 1948 gründete Henri Nannen den »Stern«. Zwar verkaufte er seine Anteile drei Jahre später, unter anderem an Richard Gruner und Gerd Bucerius, wirkte aber zwischen 1949 und 1980 als Chefredakteur und danach bis 1983 als Herausgeber des »Stern«. Nannen entwickelte die Illustrierte in Hamburg mit wegweisenden und auch umstrittenen Reportagen zur größten Zeitschrift Europas. Zusammen mit dem »Spiegel« und der »Zeit« vertrat sie von Hamburg aus in der politisch dynamischen Ära der 1960er und frühen 1970er Jahre einen linksliberalen Kurs. Nicht zuletzt unterstützte sie die von Konservativen heftig angefeindete Entspannungspolitik (Ostverträge) der 1969 an die Macht gekommenen ersten sozialliberalen Bundesregierung. Der Skandal um die Veröffentlichung gefälschter Hitler-Tagebücher im »Stern« 1983 und Kritik an der journalistischen Seriosität des Magazins beendeten die Ära Nannen. Im selben Jahr stiftete Henri Nannen seine bedeutende, expressionistisch orientierte und aus 650 Werken bestehende Kunstsammlung der Heimatstadt Emden, in die er auch wieder zog. Seit 1986 ist die Sammlung in der inzwischen erweiterten Kunsthalle in Emden (Stiftung Henri und Eske Nannen und Schenkung Otto van de Loo) zu sehen. Henri Nannen erhielt 1989 das Große Bundesverdienstkreuz und die Ehrenbürgerschaft der Stadt Emden.

Heidi Kabel

***27.8.1914 in Hamburg | † 15.6.2010 ebenda**
Schauspielerin, Sängerin

Die durch das Ohnsorg-Theater bekannt gewordene Volksschauspielerin wuchs in einer Buchdruckerfamilie (Kabel Druck) auf. Auf der damaligen Emilie-Wüstenfeld-Schule (heute gleichnamiges Gymnasium) im Stadtteil Eimsbüttel absolvierte Heidi Kabel die Mittlere Reife, um sich frühzeitig dem Klavierspiel zu widmen. Ihr Vater hatte sich unter anderem als Rezitator in Hamburg durch öffentliche Auftritte, zum Beispiel auf Plattdeutschen Abenden, einen Namen gemacht. 1932 begann sie bei der Niederdeutschen Bühne mit Aushilfstätigkeiten, unter anderem als Souffleuse. Anfang 1933 wurde sie dort erstmals als (Ersatz-)Schauspielerin aktiv. Sie nahm dann Schauspielunterricht und erhielt ihre ersten eigenen Rollen, außerdem hatte sie musikalische Auftritte mit dem Akkordeon, auch im Rundfunk. Ab 1936 wirkte sie als Berufsschauspielerin. Nach einer Ufa-Kinoproduktion (unter anderem mit Elisabeth Flickenschildt) folgte die erste Hauptrolle in dem erfolgreichen Theaterstück »Du« (beides 1938). Ihr Ehemann Hans Mahler wurde 1949 künstlerischer Direktor des nunmehrigen Richard-Ohnsorg-Theaters, also der alten Niederdeutschen Bühne. Weithin bekannt wurde Heidi Kabel, die nicht nur, aber vor allem komödiantische Rollen verkörperte, durch das Fernsehen. Dort wurden Stücke aus dem Ohnsorg-Theater, die zumeist in Missingsch bearbeitet waren, ab 1954 gezeigt. Aufführungen wie »Meister Annecker« (mit Henry Vahl, 1965) oder »Tratsch im Treppenhaus« (1966) erreichten ein Millionenpublikum. Ende der 1960er Jahre folgten erste Schallplatten. Zudem war Heidi Kabel langjährig für den NDR als Hörspielsprecherin aktiv. Nach dem Tod ihres Mannes 1970 reduzierte sie ihr Engagement beim Ohnsorg-Theater und machte Fernsehproduktionen und -serien (»Heidi und Erni«). Ihre letzte kleine Rolle hatte sie in Detlev Bucks Kinderfilm »Hände weg von Mississipi« (2007, neben ihrer Tochter Heidi Mahler). Zuvor hatte sie bereits den »Bambi« für ihr Lebenswerk erhalten. Bis zuletzt setzte sich Heidi Kabel für sozial benachteiligte Menschen ein und unterstützte unter anderem Obdachlose, die Hospizbewegung und Asylbewerber. Heidi Kabel wurde auf dem Friedhof Nienstedten beigesetzt. Vor dem neuen Standort des Ohnsorg-Theaters am Hachmannplatz erinnert ein Denkmal an sie, ein Teil dieses Platzes wurde nach ihr benannt.

Helmut Schmidt

*** 23.12.1918 in Hamburg | † 10.11.2015 ebenda**
Politiker, Bundeskanzler, Bundesminister, Hamburger Innensenator

Geboren im Stadtteil Barmbek als Kind eines Lehrerehepaares, schloss er die Lichtwark-Schule in Winterhude 1937 mit dem Abitur ab. Ende desselben Jahres begann er seinen Wehrdienst, der ihn in die Offizierslaufbahn führte. Gegen Ende des Krieges geriet Helmut Schmidt in britische Kriegsgefangenschaft. Sein Studium der Volkswirtschaftslehre und Staatswissenschaft an der Universität Hamburg schloss er 1949 ab, 1946 war er Mitglied der SPD geworden. In Hamburg übernahm er 1961 das Amt des Senators der Polizeibehörde, das ab dem Folgejahr »Innensenator« hieß. In dieser Funktion wurde er durch sein engagiertes Handeln während der Sturmflutkatastrophe vom 16./17. Februar 1962 berühmt als »Krisenmanager«. Im Rahmen der 1969 erstmals gebildeten sozialliberalen Koalition aus SPD und FDP übernahm er zunächst das Verteidigungs-, später das Finanzministerium. Nach dem Rücktritt des bisherigen Bundeskanzlers Willy Brandt 1974 wurde Schmidt dessen Nachfolger. In seine bis 1982 währende Amtszeit fielen die »Ölkrise«, das vorläufige Ende des Wirtschaftswachstums, die gewaltsamen Aktivitäten der Rote Armee Fraktion (RAF) sowie die auch in der eigenen Partei umstrittene Sicherheitspolitik, vor allem der »NATO-Doppelbeschluss« zur Aufrüstung. Helmut Schmidt wurde schließlich 1982 durch jenes vom bisherigen Koalitionspartner FDP unterstützte konstruktive Misstrauensvotum gestürzt, das die langjährige Ära von Bundeskanzler Helmut Kohl (CDU) einleitete. Schmidt selbst widmete sich nach seiner Abwahl zahlreichen politischen und gesellschaftlichen Aktivitäten, unter anderem war er ab 1983 Herausgeber der Wochenzeitschrift »Die Zeit«. Er starb in seinem Haus im Stadtteil Langenhorn im hohen Alter von fast 97 Jahren. In der Hauptkirche St. Michaelis fand ihm zu Ehren ein Staatsakt statt. Helmut Schmidt wurde im Familiengrab auf dem Ohlsdorfer Friedhof neben seiner Frau Hannelore (»Loki«) bestattet. In Hamburg sind nach ihm unter anderem die Bundeswehr-Universität und der Flughafen benannt.

Wolfgang Borchert

*** 20.5.1921 in Hamburg | † 20.11.1947 in Basel**
Schriftsteller

Als Sohn eines Volksschullehrers und einer Heimatschriftstellerin wurde Wolfgang Borchert in Eppendorf geboren und ging auch dort zur Volks- und Oberrealschule. Ende 1938 verließ er die Schule ohne Abschluss, lebte als künstlerischer Außenseiter und schrieb Theaterstücke und Gedichte. Im selben Jahr wurde sein erstes Gedicht, »Reiterlied«, im »Hamburger Anzeiger« veröffentlicht. Mit langen Haaren und außergewöhnlicher Kleidung hob sich der Einzelgänger von der Uniformität des Nationalsozialismus ab. 1939 begann er eine Ausbildung zum Buchhändler in der Buchhandlung Boysen und nahm Schauspielunterricht. Während er seine Lehre abbrach, beendete er die Schauspielausbildung 1941 mit der Abschlussprüfung. Im selben Jahr arbeitete Borchert drei Monate an einem Lüneburger Tourneetheater. Dies wurde durch die Einberufung zur Wehrmacht abrupt beendet. Nach Fronterfahrungen in Russland 1941/42 musste Borchert wegen Verletzungen und Krankheiten längere Zeiten im Lazarett verbringen. Von einem erneuten Frontaufenthalt Ende 1942 kehrte er unter anderem an Gelbsucht erkrankt zurück. Trotz seiner schweren Erkrankung und völliger Erschöpfung hatte Borchert Ende 1945/ Anfang 1946 einen Auftritt auf der Theaterbühne, beteiligte sich an einer Theatergründung und arbeitete als Lektor. In dieser Zeit entstanden wichtige Prosatexte sowie sein bekanntestes Werk, das Drama »Draußen vor der Tür«. Es wurde am 13. Februar 1947 als Radiohörspiel im Nordwestdeutschen Rundfunk (NWDR) mit enormer Resonanz gesendet. Seit Anfang Dezember 1946 lag Borchert auf Grund seiner Lebererkrankung im Elisabeth-Krankenhaus und wurde Anfang April 1947 ohne Aussicht auf Heilung entlassen. Er starb auf einer als Erholung gedachten Reise in die Schweiz. Am 21. November 1947, einen Tag nach seinem Tod, wurde »Draußen vor der Tür« in den Hamburger Kammerspielen als Theaterstück uraufgeführt. Nach Wolfgang Borchert, dessen Grab sich auf dem Ohlsdorfer Friedhof befindet, wurden in Hamburg unter anderem eine Straße, eine Siedlung und jene Schule in der Eppendorfer Erikastraße benannt, in die er eingeschult worden war und in der sein Vater unterrichtet hatte.

RCA

Bert Kaempfert

(eigentlich Berthold Heinrich Kämpfert)

*** 16.10.1923 in Hamburg | † 21.6.1980 in Llucmajor (Mallorca)**
Orchesterleiter, Komponist, Musikproduzent

Der berühmte Orchesterleiter und Komponist von Welthits wie »Strangers in the Night« wurde in Barmbek groß. Nachdem er im frühen Alter begonnen hatte, Klavier zu spielen, studierte er an der Musikschule »Hamburger Stadtpfeife« und wurde mit 16 Jahren von dem damals bekannten Hans-Busch-Orchester engagiert. Während des Zweiten Weltkriegs spielte er im Marine-Musikkorps. Frühen Erfolg hatte er 1959 mit dem Arrangement des Freddy-Quinn-Hits »Die Gitarre und das Meer« und Elvis Presleys »Wooden Heart«. 1960 belegte er als erster Deutscher mit »Wonderland by Night« den ersten Platz der US-Single- Hitparade (das gleichnamige Album erreichte Platz 1 der LP-Charts). Damit erreichte er seinen internationalen Durchbruch. 1961 wurde er in Hamburg zum ersten Produzenten der »Beatles« mit Tony Sheridan. Bert Kaempfert, einer der erfolgreichsten deutschen Orchesterleiter in der zweiten Hälfte des 20. Jahrhunderts, wurde berühmt für seinen »Easy Listening« genannten, Loungemusik ähnlichen Sound. Seine größten Erfolge erzielte er mit seinem Orchester in den USA. Namenhafte Musiker arbeiteten mit ihm zusammen, unter anderem Ack van Rooyen, Herb Geller, Jiggs Whigham und Peter Herbolzheimer. Neben den bereits genannten Songs zählt auch »Spanish Eyes«, gesungen von Al Martino, zu seinen Evergreens. Sein letztes Konzert gab er wenige Tage vor seinem Tod 1980 in der Londoner Royal-Albert-Hall. Bis zu seinem Ableben wurden rund 150 Millionen Schallplatten von ihm verkauft. In Hamburg erinnert der Bert-Kaempfert-Platz im Stadtteil Barmbek an den erfolgreichen Orchesterleiter. Die bedeutendste internationale Würdigung ist seine Aufnahme 1993 in »The Songwriters Hall Of Fame« New York. Seine Asche wurde auf eigenen Wunsch in den Everglades (Florida, USA) verstreut.

Rudolf Augstein

*** 5.11.1923 in Hannover | † 7.11.2002 in Hamburg**
Verleger, Publizist, »Spiegel«-Begründer und -Herausgeber

Der Sohn eines Fabrikanten musste ein nach dem Abitur 1941 begonnenes Zeitungsvolontariat in Hannover wegen des Kriegsdienstes aufgeben. Nach 1945 arbeitete Augstein, der während des Zweiten Weltkriegs Dienst unter anderem in Russland leistete und kurzzeitig in US-amerikanischer Kriegsgefangenschaft war, als Kritiker für das »Hannoversche Nachrichtenblatt« sowie für die Zeitschrift »Diese Woche«. Letztere, die sich am US-amerikanischen »Time«-Magazin orientierte, gab Augstein ab Anfang 1947 – zusammen mit zwei Kollegen – mit neu erworbener Lizenz und zunächst in Hannover als »Der Spiegel« heraus. Augstein selbst wirkte als Chefredakteur und Herausgeber. 1950 kaufte der Hamburger Verleger John Jahr die Hälfte der Anteile und bewegte das Magazin zwei Jahre später zum Umzug nach Hamburg. »Der Spiegel« publizierte kritische, nicht zuletzt gegen Konrad Adenauers CDU-geführte Bundesregierung gerichtete Artikel, deckte Skandale auf und wirkte allgemein meinungsbildend. Rudolf Augstein veröffentlichte seine Beiträge zunächst unter dem Pseudonym »Jens Daniel«. Zeithistorisch bekannt wurde die so genannte »Spiegel-Affäre« 1962/63, in deren Verlauf Augstein und andere Redakteure wegen angeblichen Geheimnisverrats für mehrere Monate ins Gefängnis mussten. Letztlich wurden sie freigesprochen, der angegriffene CSU-Bundesverteidigungsminister Franz Josef Strauß musste zurücktreten. In der Öffentlichkeit kritisch gesehen wurde der Umgang mit der Pressefreiheit seitens der Bundesregierung. Seit 1955 FDP-Mitglied, zog Augstein 1972 für diese Partei kurzzeitig in den Bundestag ein. Zudem trat er als Buchautor in Erscheinung. Rudolf Augstein und sein »Spiegel« begründeten zusammen mit »Der Zeit« und dem »Stern« den Ruf Hamburgs als (sozial-)liberale Pressehochburg der Bundesrepublik. Der mit zahlreichen Ehrungen – darunter das Große Bundesverdienstkreuz – bedachte Augstein blieb bis zu seinem Tod für das Nachrichtenmagazin tätig. Er starb an den Folgen einer Lungenentzündung und wurde auf dem St.-Severin-Kirchhof in Keitum auf der Insel Sylt bestattet.

AMSTERDAM AIRPORT

Ernst Happel

***29.11.1925 in Wien | † 14.11.1992 in Innsbruck**
Fußballspieler und -trainer

Ernst Happel verkörpert als Fußballtrainer die bislang erfolgreichste Zeit des Hamburger SV. Unter seiner von 1981 bis 1987 währenden Trainerschaft gewann der Verein den Europapokal der Landesmeister (1983, heute Champions League), zwei Deutsche Meisterschaften (1982, 1983) und den DFB-Pokal (1987). Seine Fußballlaufbahn begann der Gastwirtssohn Happel als Spieler bei Rapid Wien, wo er mehrere österreichische Meisterschaften und 1951 den Gewinn des internationalen Zentropacups feierte. Nach einem zweijährigen Gastspiel bei RC Paris von 1954 bis 1956 beendete er seine Spielerkarriere 1959 wieder bei Rapid Wien, wo er bis heute als Idol gilt. Der Verteidiger war ab 1947 auch für die österreichische Nationalmannschaft aktiv und erreichte mit dieser bei der Weltmeisterschaft 1954 den dritten Platz. Nach seiner Fußballerkarriere, die ihm 1953 auch eine Berufung in die Weltauswahl brachte, wurde er – ohne offizielle Ausbildung – zu einem der erfolgreichsten Trainer der Welt. Er trainierte mehrere europäische Vereine sowie die niederländische und die österreichische Nationalmannschaft. Seine ersten großen Erfolge feierte er mit Feyenoord Rotterdam mit dem Gewinn des Europapokals der Landesmeister und des Weltpokals 1970. Beim Hamburger SV und den anderen Stationen wurde ein speziell von Happel kreierter, betont offensiver und attraktiver Spielstil gepflegt, dessen Hauptmerkmal das frühe Angreifen des Gegners in dessen Hälfte war (»Pressing«). Zu seiner Hamburger Erfolgsmannschaft zählten bis heute bekannte und teilweise selbst als Trainer erfolgreiche Persönlichkeiten wie Felix Magath, Horst Hrubesch und Manfred Kaltz. Als Person entzog sich der wortkarge Happel weitgehend der Öffentlichkeit, er galt als »Grantler«. Als Kettenraucher bekannt, starb er im Amt des österreichischen Nationaltrainers an Lungenkrebs. Kurz zuvor hatte er 1990 das Silberne Ehrenzeichen für Verdienste um die Republik Österreich erhalten. Postum wurde das Wiener Praterstadion nach ihm benannt, dort befindet sich auch eine Gedenktafel. In Rotterdam gibt es eine Ernst Happelstraat. Auf dem Friedhof Wien-Hernals erhielt der Fußballspieler und -trainer ein Ehrengrab.

Jürgen Roland

(eigentlich Jürgen Roland Schellack)

*** 25.12.1925 in Hamburg | † 21.9.2007 ebenda**
Regisseur, Schauspieler

Der für seine Krimi- und Polizeiserien berühmte Jürgen Roland wuchs im Stadtteil Eppendorf auf. Nach kriegsbedingtem Notabitur im Jahr 1943 kam Jürgen Roland im Zweiten Weltkrieg zum Reichsarbeits- und Kriegsdienst. Nach 1945 arbeitete er zunächst in Hamburg als Rundfunkreporter und Regieassistent. Für seinen Kurzfilm »Zwischen Ebbe und Flut« (1950) erhielt er beim Berner Filmfestival einen Preis. Nach einer Ausbildung bei der Londoner BBC-Fernsehschule ging er zum Nordwestdeutschen Rundfunk (NWDR, aus ihm gingen NDR und WDR hervor) und übernahm ab 1952 Regieaufträge fürs Fernsehen. 1954 startete seine Fernsehserie »Der Polizeibericht meldet«, mit der er breiteren Kreisen bekannt wurde. Der nunmehr fest beim NDR angestellte Roland war ab 1958 Regisseur der Fernsehkrimiserie »Stahlnetz«, die rund zehn Jahre lang lief. In einer Zeit, als es zunächst nur ein Fernsehprogramm in Deutschland gab, war sie populär und spielte eine dem heutigen »Tatort« vergleichbare Rolle. Es folgte die Rateserie »Dem Täter auf der Spur«, bei der Jürgen Roland zugleich Regisseur und Moderator war. Anfang der 1960er Jahre führte er auch Regie bei Kinokrimis nach Büchern von Edgar Wallace (»Der rote Kreis«, »Der grüne Bogenschütze«) sowie bei dem Anti-Kriegsfilm »Der Transport« (1962). Später folgten unter anderem der im St.-Pauli-Milieu spielende Fernsehkrimi »Polizeirevier Davidswache« (1964), mit dem er seine bisherigen Erfolge noch übertraf und der mit dem Fernsehpreis der »Goldenen Leinwand« ausgezeichnet wurde. Roland arbeitete mit den Schauspielern Karl Lieffen, Hanns Lothar und Günther Neutze zusammen. Später führte er auch bei einzelnen »Tatort«- Folgen Regie und konzipierte die populäre TV-Serie »Großstadtrevier« (ab 1986). Jürgen Roland, der in Hamburg-Bergstedt lebte und mit dem Bundesfilmpreis ausgezeichnet wurde, ist auf dem Ohlsdorfer Friedhof bestattet.

Bürger
für
Brandt

Siegfried Lenz

***17.3.1926 in Lyck (heute Ełk, Ostpreußen, Polen)**
† 7.10.2014 in Hamburg
Schriftsteller

Der zu den bekanntesten deutschen Schriftstellern in der zweiten Hälfte des 20. Jahrhunderts zählende Lenz wuchs als Sohn eines früh verstorbenen Zollbeamten bei seiner Großmutter auf. Sein Notabitur legte er im Kriegsjahr 1943 ab, anschließend musste er zur Kriegsmarine und desertierte kurz vor Ende des Zweiten Weltkriegs. Er geriet in Schleswig-Holstein in britische Kriegsgefangenschaft, wo er als Dolmetscher arbeitete. Nach einem abgebrochenen Studium in Hamburg (Philosophie, Anglistik, Literaturwissenschaft) arbeitete er bei der Tageszeitung »Die Welt«, zuletzt 1950–51 als Redakteur im Feuilleton. Mit der Veröffentlichung seines ersten Romans, »Es waren Habichte in der Luft« (1951), beim Hamburger Verlag Hoffmann & Campe begann seine Laufbahn als freier Schriftsteller. Er lebte in Hamburg, später auch auf der Ostseeinsel Alsen (Dänemark) und besaß ein Sommerhaus in Tetenhusen (heute Kreis Schleswig-Flensburg). Siegfried Lenz, der 1949 seine Frau Liselotte, geb. Lindau, geheiratet hatte, war Teilnehmer an den Treffen der »Gruppe 47«, der bedeutendsten Vereinigung von deutschen Schriftstellern in der Nachkriegszeit. Aus seinem umfangreichen Werk ragt der 1968 veröffentlichte Roman »Deutschstunde« heraus, der die Zeit der NS-Diktatur in Schleswig-Holstein zum Thema hat und zu einem der bekanntesten deutschen Romane wurde. Lenz schrieb 15 Romane, neben den genannten unter anderem auch »Heimatmuseum« (1978). Daneben gilt er auch als Meister der Kurzgeschichte, verfasste aber auch Hörspiele, Theaterstücke und Erzählungen. Einzelne Werke wurden zu Schullektüren. Politisch setzte er sich für die SPD ein und unterstützte Willy Brandts Entspannungspolitik gegenüber dem Ostblock. Lenz, der bis zuletzt im Stadtteil Othmarschen lebte, erhielt zahlreiche Preise und wurde 2002 Ehrenbürger von Hamburg. Er ist auf dem Groß Flottbeker Friedhof bestattet.

James Last
(eigentlich Hans Last)

*** 17.4.1929 in Bremen | † 9.6.2015 in West Palm Beach (USA)**
Bandleader, Arrangeur und Komponist

Der über Jahrzehnte in Hamburg ansässige und wirkende Vertreter des »Happy Sound« wurde in eine Beamtenfamilie geboren. Sein Vater, der zunächst als Seemann gearbeitet hatte und dann bei den Bremer Stadtwerken, war leidenschaftlicher Musiker. Aufgrund der Umstände des Zweiten Weltkriegs konnte Hans Last, wie er sich bis in die 1960er Jahre nannte, seinen Wunsch nach einer Musikerausbildung 1943 nur im Heer erfüllen. Dies geschah in der Heeresmusikschule in Bückeburg, wo er Kontrabass und Tuba erlernte. Bald nach Ende von nationalsozialistischer Diktatur und Krieg arbeitete er in Bremen als Berufsmusiker, zunächst in Clubs und später beim Tanzorchester von Radio Bremen. Seine Hauptstilrichtungen waren Tanz- und Jazzmusik. Damit wurde Last in den 1950er Jahren zunehmend anerkannt und populär. Im Jahr seiner Eheschließung 1955 zog er mit seiner Frau Waltraud nach Hamburg, wo er eine Anstellung beim NDR-Tanzorchester erhielt. Zunächst wohnten sie auf der Uhlenhorst, später in Langenhorn. Zugleich arbeitete er als Arrangeur für prominente Namen, zum Beispiel für den Violonisten und Komponisten Helmut Zacharias. In der ersten Hälfte der 1960er Jahre entstanden die ersten Schallplatten-Aufnahmen unter seinem eigenen Namen, vor allem Schlager. 1965 beendete er seine Stelle beim NDR und erhielt einen Plattenvertrag bei der Firma Polydor. Ab nun nannte er sich James Last und kreierte auf zahllosen Schallplatten den sogenannten »Happy Sound«, leichtgängige Schlager- und Tanzmusik. 1968 folgte ein erster Fernsehauftritt. Später wurden auch gesamte Konzerte von James Last und seinem Orchester übertragen. In den 1980er Jahren zog James Last mit wechselnden Wohnsitzen nach Florida, wo er ein eigenes Tonstudio betrieb. James Last wurde im Familiengrab auf dem Ohlsdorfer Friedhof bestattet.

Helga Feddersen

*** 14.3.1930 in Hamburg | † 24.11.1990 ebenda**
Schauspielerin, Sängerin, Autorin

Die Kaufmannstochter besuchte die Oberschule am Lerchenfeld und Frauenfachschule in Harburg, bevor sie Ende der 1940er Jahre eine Schauspielschule absolvierte. Helga Feddersen debütierte 1949 in Hamburg im Theater im Zimmer in August Strindbergs Stück »Ostern«. Zwei Jahre später erhielt sie eine kleine Rolle in einem Kinofilm. 1955 erlitt sie einen Schicksalsschlag, als ihr Gesicht als Nachwirkung einer Tumor-Operation deformiert wurde und halbseitig gelähmt blieb. Nach einer Tätigkeit als Regieassistentin und Souffleuse sowie einem Engagement am Deutschen Schauspielhaus (1966) arbeitete sie als Komikerin in unterschiedlichen Rollen. 1962 heiratete sie den Dramaturgen Götz Kozuszek (der 1985 verstarb). Ab 1967 schrieb Helga Feddersen Drehbücher für das NDR-Fernsehen, ab den 1970er Jahren hatte sie zahlreiche komödiantische Fernsehauftritte und wurde als »Ulknudel« bezeichnet. 1975 spielte sie die Rolle der Else Tetzlaff an der Seite von Heinz Schubert (»Ekel Alfred«) in der Fernsehserie »Ein Herz und eine Seele«. Sie hatte auch Rollen in Kinofilmen wie »Lola« von Rainer Werner Faßbinder (1981). Ebenfalls 1981 erschien »Hallo, hier ist Helga! Das erste Buch«. Zudem wurde Helga Feddersen als Sängerin bekannt. 1983 gründete sie das Theater am Holstenwall und spielte mit der »Perle Anna« ihre erfolgreichste Bühnenrolle. Gleichwohl musste sie die Pleite des Theaters (1989) verkraften. Eine Krebserkrankung, daraus resultierende Operationen und ein Aufenthalt in der Psychiatrie schränkten ihr Leben ein. Das Erscheinen ihres autobiografisch geprägten Buches »Amanda mit der Drehorgel. Meine kleine Novelle« (1990) erlebte sie noch. Kurz vor ihrem Tod heiratete Helga Feddersen, die in der Deichstraße wohnte, ihren Lebensgefährten Olli Maier. Sie wurde in Stuttgart-Bad Cannstatt bestattet, dem Heimatort ihres Mannes. Im Stadtteil Altona gibt es seit Ende 2016 die Helga-Feddersen-Twiete.

Karl Lagerfeld

*** 10.9.1933 in Hamburg | † 19.2.2019 in Neuilly-sur-Seine (bei Paris)**
Modedesigner, Fotograf

Aufgewachsen als Sohn des Fabrikanten Otto Lagerfeld und seiner Frau Elisabeth Bahlmann abwechselnd auf Gut Bissenmoor bei Bad Bramstedt und in Hamburg, besuchte er zuletzt die Bismarckschule im Stadtteil Eimsbüttel. 1952 ging er mit Unterstützung seines Vaters, der als Kondensmilchunternehmer durch die Marke »Glücksklee« bekannt wurde, und dessen Kontakte nach Paris. Dort besuchte er das Lycée Montaigne und eine private Zeichenschule. Nachdem er 1954 einen ersten Preis für einen Modeentwurf gewonnen hatte, absolvierte er ab Mitte der 1950er Jahre eine Schneiderlehre beim Pariser Modeschöpfer Pierre Balmain und arbeitete anschließend als freier Mode-Illustrator. Paris blieb auch in Zukunft Lagerfelds Lebensmittelpunkt, wenngleich er auch an anderen Orten Wohnsitze unterhielt (unter anderem Rom und New York). Nach der Station Balmain wechselte er 1957 zum Modeschöpfer Jean Patou, wo er von 1958 bis 1963 Künstlerischer Direktor war. Anschließend ging er zu dem französischen Damenmode-Unternehmen Chloé, für das er bis in die späten 1970er Jahre tätig war. Ein 1964 begonnenes Kunststudium brach Karl Lagerfeld nach drei Jahren ab. Daneben wirkte er für die italienische Modefirma Fendi und als freier Modeschöpfer für verschiedene Auftraggeber. In Deutschland gründete er 1974 ein eigenes Unternehmen. Ab 1982 arbeitete er für Chanel und verhalf der Modemarke zu einer Renaissance. Zugleich war er ab 1980 für vier Jahre Gastprofessor an der Wiener Universität für angewandte Kunst. Mehrfach versuchte Lagerfeld in der Folge und mit unterschiedlichem Erfolg, eigene Modemarken auf den Weg zu bringen. Karl Lagerfeld wurde einem breiteren Publikum auch wegen seines extravaganten Auftretens, beispielsweise mit Handfächer und Haarzopf, bekannt. Er gilt als Entdecker des Models Claudia Schiffer und arbeitete auch mit dem Versandhaus »Quelle« und dem Modefilialisten »Hennes & Mauritz« zusammen. Eine 1991 in Hamburg-Blankenese erworbene Villa verkaufte er sieben Jahre später wieder.

Ulrike Meinhof

*** 7.10.1934 in Oldenburg (Niedersachsen)**
| † 9.5.1976 im Gefängnis Stuttgart-Stammheim
Journalistin, Mitglied der Roten Armee Fraktion (RAF)

Die als Tochter eines Kunsthistorikerehepaares geborene Ulrike Meinhof wuchs nach dem frühen Tod ihrer Eltern unter Vormundschaft der Historikerin und Friedensaktivistin Renate Riemeck auf. Auf Grund von Riemecks beruflichen Standortwechseln besuchte Meinhof unterschiedliche Schulen und schloss schließlich 1955 in Marburg/Lahn ihr Abitur ab. Dort und in Münster studierte sie Philosophie, Pädagogik, Soziologie und Germanistik. Meinhof engagierte sich in der Anti-Atom-Bewegung, trat 1958 dem Sozialistischen Deutschen Studentenbund (SDS) bei und arbeitete für die linke Zeitschrift »konkret« (ab 1961 als Chefredakteurin). Mit deren Herausgeber Klaus Rainer Röhl war sie vorübergehend verheiratet, die beiden hatten zwei Töchter. Hamburg wurde zum Hauptwirkungsort, das Paar lebte in den Stadtteilen Lurup und Blankenese. In ihren Artikeln setzte sich Ulrike Meinhof gegen soziale Ungerechtigkeit ein, engagierte sich gegen den Vietnamkrieg und später gegen die so genannten Notstandsgesetze. Sie erwarb sich einen Ruf als angesehene linke, kritische Journalistin. In ihrem TV-Drehhbuch »Bambule« setzte sie sich mit autoritären Heimerziehungsmethoden auseinander. Ende der 1960er Jahre kam es zur Trennung von »konkret« und schließlich auch von Röhl. Ulrike Meinhof ging mit ihren Töchtern nach Berlin. Ihr Kontakt mit der Außerparlamentarischen Opposition (APO) führte zu Bekanntschaften mit Gudrun Ensslin und Andreas Baader. Mit diesen sowie mit Horst Mahler konzipierte sie eine Stadtguerilla, die bewaffneten Kampf gegen die Herrschaft anvisierte (Rote Armee Fraktion, RAF). In der Öffentlichkeit nun als Baader-Meinhof-Gruppe beziehungsweise -Bande bezeichnet, verübten sie Banküberfälle, Waffendiebstähle, Sprengstoffanschläge und Ähnliches. Der Staat reagierte auf die zunehmende Brutalität mit massiven Gegen- und Überwachungsmaßnahmen. Ulrike Meinhof wurde Mitte 1972 verhaftet und musste vorübergehend in Isolationshaft. 1974 wurde sie in den Hochsicherheitstrakt des Gefängnisses Stuttgart-Stammheim verlegt, dort wurde sie am 9. Mai 1976 erhängt aufgefunden. Die Umstände ihres Todes konnten nie genau geklärt werden.

Uwe Seeler

*** 5.11.1936 in Hamburg**
Fußballspieler

Wie kein anderer Fußballspieler seiner Zeit verkörperte Uwe Seeler (»Uns Uwe«) den Prototypen des vorbildlich kämpferischen, einsatzfreudigen und durchsetzungsfähigen Mittelstürmers ohne Allüren und Skandale. Er spielte Zeit seiner Karriere beim Hamburger SV (HSV) und wurde mit diesem Deutscher Meister sowie mit der deutschen Nationalmannschaft Vizeweltmeister. Auch sein Vater Erwin Seeler und sein Bruder Dieter Seeler waren bekannte HSV-Spieler. Nach seiner Volksschulzeit in Eppendorf machte Uwe Seeler zunächst eine Lehre als Speditionskaufmann. Seine Fußballlaufbahn begann 1946 bei der Jugend des HSV, aber schon ab Juli 1954, also im Alter von 17 Jahren, war er für die Ligamannschaft in der damaligen Oberliga Nord spielberechtigt. Dort wurde er neunmal Norddeutscher Meister, regelmäßig Torschützenkönig und galt als einer der besten Mittelstürmer Deutschlands. 1960 gewann er mit dem HSV den deutschen Meistertitel und wurde zum Fußballer des Jahres gewählt (ein zweites Mal 1964). Seine gewachsene internationale Anerkennung zeigte sich, als er im Folgejahr ein Wechselangebot von Inter Mailand erhielt, dies jedoch ablehnte. Nach dem Sieg mit dem HSV im DFB-Pokal 1962 wurde Seeler 1963/64 in der ersten Saison der neu gegründeten Bundesliga Torschützenkönig. Ein weiterer Höhepunkt war das Endspiel im Europapokal der Pokalsieger gegen AC Mailand 1968 (das allerdings verloren wurde). Sein Debüt in der Nationalmannschaft hatte Seeler 1954 unter Bundestrainer Sepp Herberger. Er nahm ab 1958 an vier Weltmeisterschaften teil, konnte aber keinen Titel gewinnen. Nach dem Ende seiner aktiven Fußballerkarriere (in der Nationalmannschaft 1970, beim HSV 1972) betrieb Uwe Seeler eine Sportbekleidungsfirma. Daneben hat er zahlreiche Ehrenämter bekleidet. Von 1995 bis 1998 war er Präsident des HSV. Als erster Sportler erhielt er 2003 die Hamburger Ehrenbürgerwürde. Zu Seelers Ehren wurde eine überlebensgroße Bronzeplastik vom Abdruck seines rechten Fußes vor dem HSV-Stadion am Volkspark aufgestellt.

Evelyn Hamann

*** 6.8.1942 in Hamburg | † 28.10.2007 ebenda**
Schauspielerin

Die durch ihre Rollen in Loriot-Fernsehsendungen bundesweit bekannt gewordene Schauspielerin wurde in eine musikalisch geprägte Familie hineingeboren. Ihr Vater arbeitete beim NDR-Sinfonieorchester, ihre Mutter wirkte als Sängerin und Musikpädagogin. Nach ihrem Abitur am heutigen Bondenwald-Gymnasium im Stadtteil Niendorf durchlief sie eine Ausbildung an der Hamburger Hochschule für Musik und Darstellende Kunst. Dabei wurde sie unter anderem von Eduard Marks unterrichtet. Erste Engagements folgten ab 1968 in Göttingen (Junges Theater), in Heidelberg (Städtisches Theater) und am Theater Bremen. Auch als Synchronsprecherin war sie tätig. Im Jahr 1976 erhielt sie bei Radio Bremen die Rolle als Sketchpartnerin von Loriot (eigentlicher Name Vicco von Bülow) und spielte kleinbürgerliche Frauentypen, etwa in der Rolle der Frau Hoppenstedt. In der Folge wurde das Duo im Fernsehen sehr erfolgreich. Mit ihrer Rolle in den Loriot-Kinofilmen »Ödipussi« (1988) und »Pappa ante portas« (1991) steigerte sie ihre Popularität. Weitere Engagements waren eine Rolle als Haushälterin in der populären ZDF-Fernsehserie »Die Schwarzwaldklinik« (1986–1989), in der Serie »Der Landarzt« und als Titelheldin in der ARD-Serie »Adelheid und ihre Mörder«. Von 1993 bis 2005 hatte sie eine eigene Fernsehserie. Auch auf der Bühne war sie erfolgreich, so im Komödientheater des Winterhuder Fährhauses. Für ihre Rollen erhielt sie mehrere Auszeichnungen, beispielsweise dreimal die »Goldene Kamera« sowie 1993 das Bundesverdienstkreuz Erster Klasse. Ab 1964 war sie zwölf Jahre mit dem Konzertveranstalter Walter Braun verheiratet, in Hamburg lebte sie im Stadtteil Harvestehude. Sie starb an Lymphdrüsenkrebs und wurde auf dem Alten Friedhof im Stadtteil Niendorf beigesetzt.

Monica Bleibtreu

*** 4.5.1944 in Wien | † 13.5.2009 in Hamburg**
Schauspielerin, Dozentin

Als Kind einer Schauspielerfamilie – unter anderem war ihr Vater Theaterdirektor in Mödling bei Wien und die Burgtheater-Schauspielerin Hedwig Bleibtreu ihre Großtante – nahm sie im Alter von 16 Jahren an den Hamburger Kammerspielen privaten Unterricht. Anschließend ließ sich Monica Bleibtreu, die später ihren Lebenmittelpunkt in Hamburg fand, am Wiener Max-Reinhardt-Seminar weiterbilden. Ihre erste Rolle erhielt sie im Alter von 19 Jahren an den Städtischen Bühnen Bonn. Es folgten Engagements am Wiener Burgtheater (1964/65) und in Hannover sowie eine preisgekrönte Rolle in der Fernsehserie »Der Kommissar« (1972). 1972 feierte sie ihren ersten Kinoerfolg in dem Film »Ludwig – Requiem für einen jungfräulichen König« unter der Regie von Hans-Jürgen Syberberg. Dennoch wirkte sie zunächst vor allem am Theater, so von 1972 bis 1975 am Hamburger Schauspielhaus. Anschließend hatte sie Fernseh- und Kinoengagements und spielte ab Mitte der 1980er Jahre unter anderem an der Freien Volksbünhne und am Schillertheater in Berlin. Von 1989 bis 2000 arbeitete sie erneut am Schauspielhaus in Hamburg und gab zwischenzeitlich Schauspielunterricht als Professorin an der Hamburger Hochschule für Musik und Theater. Breiteren Kreisen wurde sie nicht zuletzt durch ihre Film- und Fernsehrollen seit Ende der 1990er Jahre bekannt. Dazu zählten zunächst eine Nebenrolle in dem Film »Lola rennt« von Tom Tykwer, dann vor allem ihre Rolle der Katia Mann in der TV-Dokumentation »Die Manns – ein Jahrhundertroman« von Heinrich Breloer, ihre Hauptrolle in dem Fernsehfilm »Marias letzte Reise« von Rainer Kaufmann (2005) und die Rolle der Klavierlehrerin in »4 Minuten« von Chris Kraus (2006). Für ihr Wirken erhielt sie mehrere Auszeichnungen, unter anderem den Grimme-, den Deutschen Fernseh- und den Deutschen Filmpreis. Ihr 1971 geborener Sohn, der Schauspieler Moritz Bleibtreu (unter anderem »Lola rennt«, »Der Baader-Meinhof-Komplex«, »Soul Kitchen«), ging aus Monica Bleibtreus Beziehung mit dem Schauspieler Hans Brenner hevor. Die letzten Kinofilme mit Monica Bleibtreu (»Tannöd«, »Soul Kitchen«) liefen 2009 postum, nachdem sie nach langer, schwerer Krankheit an Lungenkrebs gestorben war. Monica Bleibtreu wurde auf dem Ohlsdorfer Friedhof bestattet.

Domenica

(eigentlich Domenica Anita Niehoff)

*** 3.8.1945 in Köln | † 12.2.2009 in Hamburg**
Vorkämpferin der Prostituierten

In eine soziale Problemfamilie mit einem gewalttätigen Vater hineingeboren, wurde Domenica ab dem Alter von vier Jahren für zehn Jahre in einem Waisenhaus untergebracht. Eine 1962 begonnene Lehre als Buchhalterin brach sie ab und schloss sich einem Bordellbesitzer an, der später ihr Ehemann wurde. Nach dessen Freitod im Jahr 1972, unter anderem bedingt durch den Verlust seines Vermögens, wurde sie Prostituierte. Zunächst ging sie nach München, später arbeitete sie im St.-Pauli-Milieu, unter anderem in der Herbertstraße und in einem eigenen Studio. Von ihrem zweiten Mann, Wirt in einem bekannten Lokal, trennte sie sich 1980. Ab dieser Zeit wurde sie in der Öffentlichkeit bekannt, zum Beispiel durch die Bilder ihres Wegbegleiters, des Hamburger Fotografen Günter Zint. Durch Fernseh- und andere Medienauftritte, beispielsweise in Talkshows, wurde sie zur wohl bekanntesten Prostituierten in Deutschland. Damit erlangte sie auch für ihre Forderungen eine große Reichweite. Sie bekannte sich öffentlich zu ihrem Broterwerb und setzte sich für die Legalisierung des Prostituiertenberufes ein. Domenica verkehrte mit Prominenten aus Kunst und Kultur, wie dem Musiker Udo Lindenberg, dem Bildhauer Alfred Hrdlicka und dem Grafiker Horst Janssen. Filmische Arbeiten kamen hinzu. 1990 beendete sie ihre Zeit als Prostituierte und engagierte sich in sozialen Projekten in St. Georg für Drogenabhängige und andere Bedürftige. Zeitweilig betrieb sie auch eine Gastwirtschaft am Fischmarkt. Von 2001 bis 2008 lebte sie im Haus ihres verstorbenen Bruders in der Eifel. Ihre von Hans Eppendorfer aufgeschriebene Lebensgeschichte wurde unter dem Titel »Körper mit Seele – Mein Leben« 1994 veröffentlicht. Domenica, die an den Folgen einer chronischen Bronchitis starb, ist auf dem Ohlsdorfer Friedhof im »Garten der Frauen« bestattet. Dort hat sie ein vom Hamburger Steinmetz und Bildhauer Bert Ulrich Beppler geschaffenes Grabdenkmal erhalten, das ihr Porträt trägt. Bestattung und Grabdenkmal wurden durch Spenden finanziert. Im Stadtteil Altona-Nord ist ihr eine Straße gewidmet.

Udo Lindenberg

*** 17.5.1946 in Gronau/Westfalen**
Musiker, Komponist

Bereits während seiner Kellnerausbildung in Düsseldorf spielte Udo Lindenberg in Kneipen am Schlagzeug – jenes Instrument, mit dem seine Karriere in den späten 1960er und frühen 1970er Jahren bei Musikgruppen unterschiedlicher Stilrichtungen begann. So spielte er unter anderem 1968 bei der Folk-Rock-Band City Preachers und beim Jazzer Klaus Doldinger mit seiner Band Passport. Nach dem ersten, allerdings nur regional in Norddeutschland verbreiteten, eigenen Hit, »Daumen im Wind«, schaffte Udo Lindenberg 1973 den Durchbruch mit seinem Album »Andrea Doria«, dessen Titelsong »Alles klar auf der Andrea Doria« zum Evergreen wurde. Nun wurde er zu einem Protagonisten der deutschen Rock- und Popmusik in einer Zeit, in der – abgesehen von wenigen Ausnahmen – deutschsprachige Lieder in der Regel als Schlager stigmatisiert wurden und international kaum eine Rolle spielten. Seine bis heute bekannte Begleitband, das Panik-Orchester, trat erstmals 1973 ans Licht der Öffentlichkeit. Viele Titel und Figuren aus Lindenbergs Liedern wurden sprichwörtlich (zum Beispiel »Rudi Ratlos«). Bekannt wurde Udo Lindenberg auch für seine Cover-Versionen von bekannten Rocksongs. Er arbeitete mit zahlreichen prominenten Musikern zusammen, vorübergehend lebte er in einer Wohngemeinschaft (»Villa Kunterbunt«) im Stadtteil Winterhude, unter anderem mit Otto Waalkes und Marius Müller-Westernhagen zusammen. Neben Filmarbeit (»Panische Zeiten«, 1980) wurde Lindenberg durch öffentlichkeitswirksame Aktionen wie dem mehrfach geäußerten Wunsch bekannt, in der DDR auftreten zu dürfen (»Sonderzug nach Pankow«) – 1983 wurde ihm ein streng überwachter Kurzauftritt im Ost-Berliner Palast der Republik gewährt, 1987 kam es zum Kontakt mit Erich Honecker. Bis heute hat der auch politisch aktive Udo Lindenberg, der seit Mitte der 1990er Jahre in einer Suite des Hamburger Hotels Atlantic Kempinski wohnt, mit seinen Alben und Konzertauftritten ein breites Spektrum an Pop- und Rockmusik abgedeckt. Er zählt zu den prägenden Persönlichkeiten der deutschen Populärmusik und hat zahlreiche Preise erhalten.

Otto Waalkes

*** 22.7.1948 in Emden**
Komiker, Zeichner, Musiker, Schauspieler

Das in Hamburg ansässige Multitalent gehört inzwischen zu den bekanntesten Künstlern Deutschlands. Otto, wie er meist genannt wird, wuchs in einer Baptistenfamilie in bescheidenen Verhältnissen auf. Ab 1964 war er für mehrere Jahre der Kopf einer Beatgruppe, die in der Region Emden und Ostfriesland auftrat. Nach seinem 1968 absolvierten Abitur begann er zwei Jahre später ein Studium der Kunstpädagogik in Hamburg. Die Stadt wurde zu seinem Lebensmittelpunkt. Er hatte kleinere Auftritte in Szenekneipen und lebte in einer vielköpfigen Wohngemeinschaft in Winterhude (»Villa Kunterbunt«), unter anderem mit Udo Lindenberg zusammen. Seine häufig von zunächst unfreiwilliger, später selbstironischer Komik und gewollter Naivität geprägten Auftritte wurden immer bekannter. Das 1972 auf einem eigenen Label erschienene Album »Otto« wurde ein großer Erfolg, sein Vorname zur Marke für anspruchsvolles, auch gesellschaftskritisches Blödeln, Kalauern und Parodieren – Letzteres insbesondere von bekannten Songs. Neben weiteren erfolgreichen Alben erwiesen sich auch die Otto-Bücher und seine Comicfigur »Ottifant« ebenso als Verkaufsschlager wie seine Fernsehsendungen (»Otto Show«) und Filmproduktionen als Publikumsmagneten. Große Kinoerfolge im frühen 21. Jahrhundert waren »7 Zwerge – Männer allein im Wald« und »7 Zwerge – Der Wald ist nicht genug«. In seiner Geburtsstadt Emden gibt es ein Otto Waalkes und seinem Werk gewidmetes Museum (»Dat Otto Huus«). Als »Ottos Leuchtturm« gilt inzwischen das bei Emden gelegene Seezeichen von Pilsum, weil es in dem Film »Otto der Außerfriesische« als Wohnung des Künstlers diente. Otto Waalkes, der das Bundesverdienstkreuz Erster Klasse erhielt, lebt im Stadtteil Blankenese.

Tim Mälzer

*** 22.1.1971 in Elmshorn**
Koch, Buchautor

Seit Ende 2003 wurde Tim Mälzer einem breiten Publikum durch seine Aktivitäten als Fernsehkoch in verschiedenen Sendern bekannt. Nach Abitur und Zivildienst in Pinneberg ging er 1992 für drei Jahre zur Ausbildung als Koch ins Hamburger Hotel Intercontinental. Anschließend arbeitete er in London, unter anderem im Hotel Ritz. Zurück in Hamburg, wirkte er ab 1997 bei Christian Rach im »Restaurant Tafelhaus« sowie im »Café Engel« und im »Au Quai«. Ab 2002 führte er mit einem Partner mit dem »Weißen Haus« in Övelgönne ein eigenes Restaurant, bevor er 2009 am Bahnhof Sternschanze die »Bullerei« eröffnete. Auch in Frankfurt/Main und Düsseldorf betrieb er Restaurants. In Hamburg kam 2016 das Restaurant »Die gute Botschaft« im Stadtteil Rotherbaum hinzu. Zu diesem Zeitpunkt hatte Tim Mälzer bereits großes Renommee gewonnen, nicht zuletzt auch durch Aktivitäten als Fernsehkoch mit eigenen Sendungen. Von 2003 bis 2007 lief auf dem Sender VOX »Schmeckt nicht, gibt's nicht«, später auch »Born to Cook«. Populär wurde Tim Mälzer auch durch seine Zusammenarbeit mit dem Moderator Johannes B. Kerner und der Sendung »Kochen bei Kerner« im ZDF. Bei der ARD hatte er von 2009 bis 2014 eine eigene Kochsendung (»Tim Mälzer kocht!«). Auch als Buchautor konnte er reüssieren (unter anderem zwei Bände »Born to Cook«). Mit dem Starkoch Eckart Witzigmann publizierte er 2010 »Mälzer & Witzigmann. Zwei Köche – ein Buch«, mehrere weitere Bücher in Eigenregie erschienen in den Folgejahren. Für seine Fernsehaktivitäten gewann Tim Mälzer mehrere Auszeichnungen, beispielsweise die Goldene Kamera. Die VOX-Sendung »Kitchen Impossible«, bei der er einer der Hauptbeteiligten ist und bei der zwei Starköche gegeneinander antreten, wurde 2017 mit dem Deutschen Fernsehpreis gewürdigt.

Literaturnachweise

Die folgende Liste verzeichnet einige Bücher, Reihen und Online-Plattformen mit Biografien von Hamburgerinnen und Hamburgern, die für die Recherche zum vorliegenden Werk genutzt wurden.

Bücher und Reihen:

• Franklin Kopitzsch/Dirk Brietzke (Hrsg.): Hamburgische Biografie. Personenlexikon. Sechs Bände, Hamburg/Göttingen 2001–2012

• Hamburgische Lebensbilder in Darstellungen und Selbstzeugnissen. 24 Bände, Hamburg u. a. 1989–2018

• Hamburger Köpfe. Hrsg.: ZEIT-Stiftung Ebelin und Gerd Bucerius. 40 Bände, Hamburg 1999–2017

• Marina Bohlmann-Modersohn: Hamburg. Eine Stadt in Biographien, München 2013

• Olaf Irlenkäuser/Stephan Samtleben (Hrsg.): Hamburg. 69 Dichter und ihre Stadt, Hamburg 2006

• Der neue Rump: Lexikon der Bildenden Künstler Hamburgs, Altonas und der näheren Umgebung. Hrsg.: Kay Rump. Bearbeitet von Maike Bruhns, Neumünster 2005

• Biographisches Lexikon für Schleswig-Holstein und Lübeck. 13 Bände, Neumünster 1970–2011 (bis Band 5 unter dem Titel: Schleswig-holsteinisches biographisches Lexikon)

• Hans-Günther Freitag: Von Mönckeberg bis Hagenbeck. Ein Wegweiser zu denkwürdigen Grabstätten auf dem Ohlsdorfer Friedhof, Hamburg 1973

• Rita Bake/Brita Reimers (Hrsg.): Stadt der toten Frauen, Hamburg 1997

• Rita Bake: Erinnerung. Lebensstationen von Frauen auf dem Ohlsdorfer Friedhof, Hamburg 2016

• Barbara Leisner/Norbert Fischer: Der Friedhofsführer. Spaziergänge zu bekannten und unbekannten Gräbern in Hamburg und Umgebung, Hamburg 1994

Online-Quellen:

• Hamburger Persönlichkeiten: https://www.hamburgerpersoenlichkeiten.de
• Datenbank Hamburger Frauenbiografien: https://www.hamburg.de/frauenbiografien

Bildnachweise

Herausgeber und Verlag danken allen Fotografen und Leihgebern. Trotz größter Sorgfalt konnten die Urheber des Bildmaterials nicht in allen Fällen ermittelt werden. Es wird gegebenenfalls um Mitteilung gebeten.

alamy: S. 12, S. 110, S. 186, S. 188; **Copyright by Bert Kaempfert Music**: S. 174; **Frank Meyer**: S. 204; **Heinz Kuntze-Just**, Hamburg: S. 128; **J. J. Darboven**: S. 80; **Lola-Rogge-Schule**: S. 154; **Marion-Dönhoff-Stiftung**: S. 158; **Photothek des Kunsthistorischen Instituts in Florenz**: S. 100; **Rudolf Ohnesorge / Ohnsorg-Archiv**: S. 168; **Schleswig-Holsteinische Landesbibliothek**: S. 6, S. 40, S. 46: **SLUB Dresden / Deutsche Fotothek**: S. 30, S. 74; **Staatsarchiv der Freien und Hansestadt Hamburg**: S. 56, S. 58, S. 70 (720-1/ 215=Li 273), S.82; **Staats- und Universitätsbibliothek Hamburg**: S. 28, S. 32 (DA: Br: BKB I: Bl. 10–13), S. 36, S. 38, S. 52 (P 22 : H 57), S. 54 (P 23 : R 89), S. 62 (NSch : XXI : 1161), S. 68 (LA : Averdieck, Elise : 180), S. 72 (NvM : Fotos : 76), S. 78 (NvM : Fotos : 94), S. 86 (LN : 180 : 79), S. 90 (NGW : C : 1), S. 94 (NvM : Fotos : 4), S. 104, S. 106 (DA : Ca : 201), S. 172; **Stadtarchiv Cuxhaven**: S. 48; **Stadtarchiv Kiel**: S. 182 (Friedrich Magnussen); **Tine Acke**: S. 200; **ullstein bild**: S. 112 (ullstein bild), S. 124 (AKG) S. 126 (Imagno), S. 130 (ullstein bild), S. 132 (ullstein bild), S.134 (ullstein bild), S. 136 (ullstein bild), S. 138 (ullstein bild), S. 140 (Peter Timm), S. 142 (AKG), S. 144 (Ingrid von Kruse), S. 146 (Erich Andres), S. 148 (Gunnar Brumshagen), S. 152 (Sven Simon), S. 156 (Zeitbild), S. 160 (Esch-Kenkel), S. 162 (Sven Simon), S. 164 (Ingrid von Kruse), S. 166 (Teutopress), S. 170 (BPA), S. 176 (Sven Simon), S. 180 (Zapf), S. 184 (Sven Simon), S. 190 (Walz), S. 192 (Peter Timm), S. 194 (Reinke), S. 196 (VIRGINIA), S. 198 (Teutopress), S. 202 (Peter Timm), **Verlagsarchiv** : S. 66, S. 114

• Umschlag vorne, von li. nach re.: Stadtarchiv Kiel, s. S. 196, s. S. 6, alamy, ullstein bild (Public Adress)
• Umschlag hinten, von li. nach re.: s. S. 100, s. S. 160, s. S. 64, s. S. 50

Norbert Fischer

war schon Redaktionsmitglied bei »Die Chronik Hamburgs« und arbeitete bei der »Hamburgischen Biografie« (Band 1–6) mit, herausgegeben von Franklin Kopitzsch und Dirk Brietzke. Seitdem publizierte er zahlreiche Bücher, unter anderem zuletzt »Schleswig-Holstein. Das kleine Lexikon« (Wachholtz 2017) und »Niedersachsen. Bausteine einer Landeskunde« (Hrsg., mit Hansjörg Küster, Wachholtz 2018).

FSC® MIX Papier aus verantwortungsvollen Quellen FSC® C107574 www.fsc.org

Impressum

1. Auflage 2019

ISBN 978-3-529-05035-0

Gesamtherstellung: Wachholtz Verlag

Printed in Europe

Besuchen Sie uns im Internet:
www.wachholtz-verlag.de